Monika Larsen/Monika Burger

Dem Advent auf der Spur

Ein Vorleseprojekt zum Mitmachen

Materialien für den Unterricht

Hase und Igel®

© 2011 Hase und Igel Verlag, Garching b. München
www.hase-und-igel.de
Lektorat: Insa Janssen
Satz: Holger Kirsch
Illustrationen: Birgit Busche-Brandt
Druck: Himmer AG, Augsburg

ISBN 978-3-86760-866-4

Inhalt

Vorwort

Der Adventskalender „Dem Advent auf der Spur" bietet ein motivierendes, handlungsorientiertes Vorleseprojekt, das Sie und Ihre Kinder in der Vorweihnachtszeit begleiten und zu vielfältigen Aktivitäten anregen kann.

Auf einer spannenden Abenteuerreise – nicht nur durch den Advent, sondern auch durch die Zeit – erleben die Geschwister Malia und Mads hautnah, wie zahlreiche Bräuche unserer Vorweihnachtszeit entstanden sind.

Passend zu den jeweiligen Geschichten finden Sie für jeden Tag einfache Spiel- und Bastelanregungen, (Bewegungs-)Lieder und Rezepte. Diese ermöglichen es den Kindern, die beim Vorlesen gehörten Informationen ganzheitlich zu vertiefen. Die vorgeschlagenen Aktivitäten sind vielfältig und für Schulanfänger gut geeignet.

Die Geschichten

Da Malias und Mads' Oma gestürzt ist, können sie nicht wie geplant die Adventszeit gemeinsam verbringen. Stattdessen unternehmen die beiden Kinder nun zusammen mit Clemens, einem Freund ihrer Oma, und seiner magischen Drehorgel eine Reise durch die Zeit.

Clemens führt sie zum ersten Weihnachtsbaum und zum ersten Adventskranz und Mads entdeckt Kreidestriche an einer Tür. Die Geschwister begegnen in einem Kinderheim, einer Klosterschule, einem abgelegenen Alpenort und in verschiedenen Dörfern und Städten vielen Kindern, die sie an ihren Bräuchen teilhaben lassen. Darüber hinaus erhalten sie Einblicke in das Leben zu anderen Zeiten und in verschiedene Berufe, wie den des Glasbläsers, des Bäckers oder auch des Löfflers. Malia und Mads können auch selbst einigen Menschen helfen, die in Not geraten sind, wie Thomas, der ins Eis eingebrochen ist, dem Beutelschneider Martin, der einen Lehrherrn findet, oder Stina, die im Schneesturm auf die Rückkehr ihrer Eltern wartet.

Pünktlich zum Weihnachtsfest kehren die Kinder nach Hause zurück und berichten ihrer Oma von ihren Erlebnissen und Taten. Sie ist gerührt, da die Kinder ihr, wie gewünscht, „ganz viel Weihnachten" mitgebracht haben. Und an Heiligabend erinnert der Weih-nachtsbaum Malia und Mads zu Hause an die Menschen, denen sie auf ihrer Reise begegnet sind.

Zu jeder Geschichte gehört eine kurze Zusammenfassung. Diese ermöglicht es Ihnen, Episoden, die auf das Wochenende fallen, kurz und knapp nachzuerzählen. Die Zusammenfassungen sind auch eine Hilfe, wenn die Kinder sich ins Gedächtnis rufen sollen, was am vergangenen Tag in der Geschichte passiert ist. Und schließlich erfahren Kinder, die an dem einen oder anderen Tag fehlen, mithilfe der kurzen Inhaltsangabe in Grundzügen den Fortgang der Handlung.

Der Erzählfluss der Geschichten wird an einigen Stellen durch kursiv gedruckte Fragen unterbrochen, die Sie besprechen und diskutieren können. Mithilfe dieser werden Begriffe geklärt, die den Kindern möglicherweise noch nicht bekannt sind. Außerdem regen die Fragen zum Erzählen an. Sie dienen lediglich als Anregungen. Zögern Sie nicht, auch an anderen Stellen innezuhalten und das Gespräch mit den Kindern zu suchen.

Das Poster

Diesem Band liegt ein großes, farbiges Poster bei. In der Mitte steht die Waffelbude auf dem Weihnachtsmarkt mit den Geschwistern Malia und Mads, ihrer Oma und dem Drehorgelspieler Clemens. Sie ist der Ausgangspunkt für die adventliche Zeitreise in die Vergangenheit. Jeden Tag wird von dem zweiten beiliegenden Poster ein farbiges Motiv ausgeschnitten und

Das fertige Poster

aufgeklebt. Am ersten Tag ist es Clemens' Drehorgel, mit der die Reisenden durch die Zeit gelangen. Sie symbolisiert das „Geschenk" ihrer Oma, die Reise in die Vergangenheit, bei der die Geschwister in der Vorweihnachtszeit viele verschiedene Menschen an unterschiedlichsten Orten treffen. Die folgenden Motive zeigen ein zu den Erlebnissen der Kinder passendes Bild, das jeweils auf eine Weihnachtskugel zu kleben ist. Zum Schluss wird der geschmückte Weihnachtsbaum aufgeklebt, der Malia und Mads nach ihrer Rückkehr an die Abenteuer und Begegnungen auf ihrer Reise erinnert.

Die Gestaltungsideen

Zu jeder Geschichte gibt es eine Aktivität, die Sie mit den Kindern nach dem Vorlesen durchführen können. Ab Seite 54 finden Sie dafür einige Gestaltungsvorlagen.

Die Aktivitäten haben einen direkten Bezug zu der jeweiligen Geschichte. So finden Sie z. B. am 9. Dezember, an dem erzählt wird, dass Mads einen im Eis eingebrochenen Jungen rettet, das dazu passende Gedicht „Vom Büblein auf dem Eis" oder am 20. Dezember, als die Rose von Jericho dem verirrten Mads Trost spendet, ein Experiment mit einer Papierblüte, die sich im Wasser öffnet. Zu dem am 8. Dezember angesprochenen Lied „Schneeflöckchen, Weißröckchen" gibt es passende Bewegungsanregungen und die Schlittenfahrt am 10. Dezember wird anhand eines Musikstücks rhythmisch begleitet und in Bewegungen umgesetzt. Der Text zum 17. Dezember erzählt vom Brauch der Herbergssuche. Dazu finden Sie ein Lied mit Anregungen zur Darstellung, die mit den Kindern leicht umgesetzt werden können.

Darüber hinaus bietet dieser Band im Anschluss an die Vorlesetexte zahlreiche Ideen zum Basteln, Malen und Gestalten, wie z. B. die Serviettenblumen (4. Dezember), die Weihnachtskugeln aus Goldfolie (11. Dezember), den Stoffbeutel (15. Dezember) oder das Baumscheiben-Mandala (19. Dezember). Mit diesen Bastelarbeiten können Sie Räume wunderbar weihnachtlich dekorieren, sie eignen sich teilweise auch als kleine Geschenke für Eltern, Großeltern oder Geschwister. Schließlich finden Sie noch einige Anre-

gungen für gemeinsame Spiele: Rollentausch (6. Dezember), Wortketten bilden (16. Dezember), Kreiselspiel (18. Dezember) und Zeitreisespiel (24. Dezember).

Unsere Gestaltungsideen sind Vorschläge. Natürlich ist es auch möglich, an manchen Tagen nur die jeweilige Geschichte vorzulesen und anschließend das vorgesehene Motiv auf das Poster zu kleben.

Mit den Motiven des Adventsprojekts können Sie ein Memoryspiel herstellen (22. Dezember). Vorlagen für die Karten finden Sie auf den Seiten 63 und 64. Mithilfe der Motive wird die Erinnerung an die adventliche Spurensuche noch lange wach bleiben.

Rituale

Kinder lieben und brauchen Rituale. Geben Sie der Abenteuerreise durch die Zeit einen festen Platz im vorweihnachtlichen Alltag: Lassen Sie die Kinder jeden Tag in einem gemütlichen Sitzkreis Platz nehmen und entzünden Sie die Kerzen am Adventskranz. Zu Beginn können Sie gemeinsam ein Adventslied singen. Anschließend fassen die Kinder den Inhalt der vorangegangenen Geschichte zusammen. Danach werden sie mit Vergnügen dem Fortgang der Handlung lauschen.

Begeben Sie sich mit Malia, Mads und dem Drehorgelspieler Clemens auf eine spannende Reise durch die Zeit. Wir wünschen Ihnen und Ihren Kindern eine interessante Spurensuche! Viel Spaß, eine schöne, kreative Adventszeit und ein frohes Weihnachtsfest!

Monika Larsen und Monika Burger

1. Dezember

Eine Reise ohne Oma

„Ist Oma schon da?" Aufgeregt stürmt Malia in die Küche. Ihr Bruder Mads, mit seinen sieben Jahren zwei Jahre jünger als sie, folgt seiner Schwester mit einem dicken Grinsen im Gesicht.

„Nun mal immer mit der Ruhe", sagt Mama. „Wie war denn die Schule?"

„Ach, wie immer", antwortet Malia ungeduldig. „Wo bleibt Oma denn? Sie hat doch gesagt, dass sie da ist, wenn wir aus der Schule kommen."

„Sie ist ja auch schon da. Sie wartet auf dem Weihnachtsmarkt auf euch. Aber erst einmal wird gegessen."

Während des Essens ist Malia ganz zappelig. Sie kann es kaum erwarten, zum Weihnachtsmarkt zu kommen.

„Los, Mads, sieh zu!", drängelt sie, sobald sie den letzten Bissen hinuntergeschluckt hat.

Doch ihr Bruder lässt sich nicht aus der Ruhe bringen. Genüsslich verputzt er den Rest seiner Lasagne, bevor er in seine Winterjacke schlüpft.

„Viele Grüße an Oma und kommt mir ja gesund und munter zurück", sagt Mama, umarmt Malia und Mads und reicht ihnen ihre Rucksäcke. Sie winkt ihnen nach, bis sie am Ende der Straße um die Ecke biegen.

„Was ist denn heute mit Mama los?", fragt Mads verwundert. „Sie tut ja so, als würden wir eine Weltreise machen."

„Keine Ahnung", antwortet Malia. Sie ist mit den Gedanken schon bei Oma auf dem Weihnachtsmarkt.

Dort angekommen bleibt Malia stehen, schließt ihre Augen und atmet tief ein. Sie liebt diesen typischen Weihnachtsgeruch nach frischen Tannenzweigen, Apfelsinen, gebrannten Mandeln, Nüssen, Vanille und Zimt.

Was magst du am liebsten auf einem Weihnachtsmarkt? Warum?

„Malia! Mads! Hier bin ich!" Oma steht an der Waffelbude und winkt ihnen zu. Aber was ist das? Sie geht an Krücken!

„Oma, hattest du einen Unfall?", fragt Mads entsetzt.

„Ja, mein Junge! Ich bin gestern gestürzt."

„Tut es sehr weh?" Malia betrachtet Omas dick bandagiertes Knie.

„Nein, es geht schon wieder. Doch ich muss das Bein in nächster Zeit möglichst ruhig halten."

„Dann können wir vor Weihnachten gar nichts zusammen unternehmen?" Malia schießen Tränen in die Augen.

Oma nickt. „Ich bin darüber auch sehr traurig, denn ich wollte mit euch eine ganz besondere Reise machen. Ich wollte mich mit euch auf eine Spurensuche begeben. Doch daraus wird jetzt nichts, zumindest nicht für mich!"

„Wir wollten verreisen?" Neugierig sieht Mads seine Oma an.

„Ihr verreist immer noch. Das heißt, wenn ihr wollt. Clemens wird euch begleiten. Ohne ihn und seine Drehorgel geht es nämlich nicht." Sie winkt einen Mann mit einer Drehorgel herbei.

Habt ihr schon einmal eine Drehorgel gesehen? Wisst ihr, was das ist?

Unsicher sehen Malia und Mads dem Drehorgelspieler entgegen. Er lächelt sie freundlich an.

„Hallo, ihr zwei. Ich bin Clemens. Wie sieht es aus? Verreisen wir zusammen?"

Malia und Mads zögern. Doch dann siegt ihre Abenteuerlust und Mads sagt: „Okay, wohin fahren wir denn?"

„Ihr fahrt gar nicht", erklärt Oma. „Ihr macht eine Adventsreise durch die Jahrhunderte. Zusammen mit Clemens reist ihr in frühere Zeiten und an unterschiedliche Orte. Dabei werdet ihr vielen Menschen begegnen und erleben, wie sie die Zeit vor Weihnachten verbringen. Ihr seid also dem Advent und Weihnachten auf der Spur! Und damit eure moderne Kleidung nicht auffällt, zieht ihr am besten die hier über." Sie reicht den Geschwistern Umhänge aus grobem Leinenstoff und seufzt: „Wirklich schade, dass ich euch nicht begleiten kann."

Zusammenfassung

Als Malia und Mads sich auf dem Weihnachtsmarkt mit ihrer Oma treffen, müssen sie feststellen, dass ihre Großmutter an Krücken geht. Deshalb kann sie auch nicht die Reise antreten, die sie mit ihren Enkelkindern machen wollte. Doch Malia und Mads verreisen trotzdem: Der Drehorgelspieler Clemens wird sie begleiten. Oma kündigt den beiden ein Adventsabenteuer an, das sie in frühere Zeiten und an unterschiedliche Orte bringen wird.

Flaschenorgel

Material:
- 5 bis 8 gleiche, saubere Glasflaschen
- Messbecher
- Leitungswasser
- Löffel oder Holzschlägel

So wird's gemacht:
- Die Glasflaschen werden in einer Reihe aufgestellt und unterschiedlich mit Leitungswasser gefüllt.
- Wenn die Kinder nun vorsichtig mit einem Löffel gegen die Flaschen schlagen, entsteht bei jeder Flasche ein anderer Ton.
- Alternativ können die Kinder auch versuchen, über die Flaschenöffnungen zu blasen und so Töne zu erzeugen.

2. Dezember

Der allererste Adventskranz

Malia und Mads staunen: Sie werden eine Zeitreise machen!

Doch ehe sie irgendwelche Fragen stellen können, stopft Oma ein kleines Tintenfass, zwei Lederriemen, eine Kerze und eine seltsame, vertrocknete Pflanze in Mads Rucksack.

„Die Sachen werdet ihr unterwegs brauchen", erklärt sie und umarmt die Geschwister herzlich. „Auf Wiedersehen. Eure Mutter hat alles, was ihr braucht, in eure Rucksäcke gepackt und Clemens wird gut auf euch aufpassen. Doch eine Bitte habe ich noch: Bringt mir von eurer Reise Weihnachten mit!"

Weihnachten mitbringen? Was meint Oma damit?

Was könnte Oma meinen, wenn sie Malia und Mads bittet, ihr „Weihnachten" mitzubringen?

Aber ehe Malia und Mads sie fragen können, ruft Clemens: „Also gut, es geht los. Legt eure Hände an die Drehorgel!"

Völlig überrumpelt berühren die Geschwister die Drehorgel und im selben Augenblick erklingt eine seltsame Melodie und alles um sie herum beginnt sich zu drehen – schneller und schneller. Als die eigenartige Musik endlich verstummt, finden sie sich neben einem alten Fachwerkhaus wieder, vor dem ein paar Kinder spielen.

„Sind wir wirklich durch die Zeit gereist?", fragt Mads misstrauisch.

Clemens nickt: „Wir befinden uns im Jahr 1839. Es ist der 2. Dezember."

Mittlerweile hat ein älterer Junge sie entdeckt und kommt näher. „Wer seid ihr?", fragt er neugierig.

„Ich bin Mads und das sind Malia und Clemens. Und wer bist du?"

„Ich heiße Theo. Meine Freunde und ich leben dort im Kinderheim." Er deutet auf das Fachwerkhaus.

In diesem Moment taucht ein Mann auf und ruft: „Alle mitkommen! Ich will euch etwas zeigen."

Zusammen mit den anderen Kindern laufen Malia und Mads ihm nach und gelangen in einen geräumigen Saal. Dort hängt ein Holzkranz mit vier großen und vielen kleinen Kerzen. Darunter steht der Mann, der die Kinder gerufen hat.

„Wer ist das?", fragt Malia Theo.

„Das ist Herr Wichern. Er hat das Kinderheim gegründet."

„Seht ihr die Kerzen auf dem Kranz über mir?", fragt der Mann nun und fährt fort: „Die großen Kerzen stehen für die Adventssonntage und die kleinen für die anderen Tage bis Weihnachten. Jeden Tag wird eine Kerze entzündet. Heute natürlich zwei, denn wir haben ja schon den zweiten Dezember. Und wenn ihr wissen wollt, wie viele Tage es noch bis Weihnachten sind, braucht ihr nur die Kerzen zu zählen, die noch nicht gebrannt haben."

„Mads, das ist so etwas wie ein Adventskranz, oder?", flüstert Malia ihrem Bruder zu. Mads nickt und zusammen kehren sie nach draußen zurück.

Wie sehen die Adventskränze aus, die ihr kennt? Sind sie anders?

„Clemens", ruft Malia aufgeregt. „Wir haben einen riesengroßen Adventskranz gesehen."

Der Drehorgelspieler lacht. „Ich weiß, Malia. Ihr habt sogar den allerersten Adventskranz der Welt gesehen. Doch nun sollten wir uns überlegen, wo wir übernachten. Es wird nämlich bald dunkel."

Gerade als sie sich auf den Weg machen wollen, kommt Herr Wichern auf sie zu. „Braucht ihr ein Bett für die Nacht?", fragt er freundlich. „Wenn ihr wollt, könnt ihr bei uns im Kinderheim bleiben."

„Vielen Dank, das Angebot nehmen wir gern an", antwortet Clemens und so verbringen Malia und Mads den Abend mit Theo und seinen Freunden.

Zusammenfassung

Bevor die Kinder mit Clemens ihre erste Reise antreten, gibt ihre Oma ihnen noch ein kleines Tintenfass, eine Kerze, zwei Lederriemen und eine seltsame, vertrocknete Pflanze mit. Außerdem bittet sie die beiden, ihr von der Reise „Weihnachten" mitzubringen. Ehe die Kinder fragen können, was sie damit meint, beginnt ihr erstes Abenteuer. Mit der magischen Drehorgel reisen sie in die Vergangenheit und landen mit Clemens im Jahr 1839, wo sie in einem Kinderheim den allerersten Adventskranz der Welt bestaunen. Der Heimgründer, Herr Wichern, hat ihn aufgehängt. Der Kranz hat vier große Kerzen für die Adventssonntage und viele kleine Kerzen für die übrigen Tage bis Weihnachten.

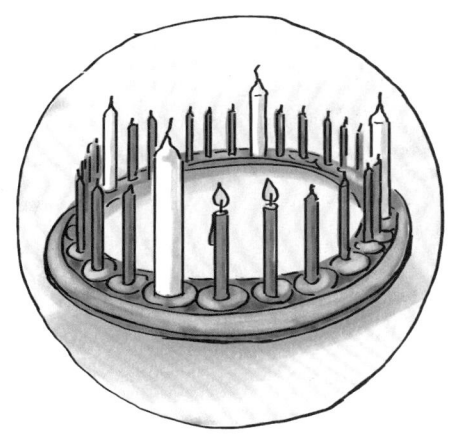

Apfel-Adventskranz

Material:
- 4 rote Äpfel
- 4 rote Kerzen
- 4 Stäbchen oder Äste (ca. 30 cm lang)
- Apfelstecher
- etwas Alufolie

So wird's gemacht:
- Die Kinder stechen in jeden Apfel oben mit dem Apfelstecher ein und höhlen ein Stückchen aus, damit man eine Kerze hineinstellen kann.
- Die Kerzen umwickeln sie am unteren Ende mit etwas Alufolie und stecken sie in den Apfel.
- Mit jeweils einem Stäbchen stechen sie zwei Äpfel seitlich so ein und verbinden sie, dass ein „Quadrat" mit jeweils einem Apfellicht in den Ecken entsteht.

3. Dezember

Kreidestriche an der Tür

Am nächsten Morgen versammeln sich wieder alle Bewohner des Kinderheims unter dem Adventskranz und Herr Wichern entzündet drei Kerzen. Malia und Mads ist dabei ganz feierlich zumute.

„Schade, dass Oma nicht hier ist", flüstert Malia ihrem Bruder zu. „Das ist doch ein Stück Weihnachten. Nur, wie sollen wir ihr davon etwas mitbringen?"

Mads zuckt ratlos die Schultern. Clemens aber lächelt leise in sich hinein.

Nach einem ausgiebigen Frühstück verabschieden sie sich von ihren neuen Freunden und folgen der Straße, die vom Kinderheim Richtung Norden führt. Mads ist in Gedanken immer noch bei dem riesigen Holzkranz, den Herr Wichern aufgehängt hat.

„Dieser allererste Adventskranz war ja gleichzeitig eine Art Adventskalender, oder?", überlegt er laut und streicht sich eine Haarsträhne aus dem Gesicht. „Ob die Kinder früher auch schon andere Adventskalender hatten, so ähnliche wie wir heute?"

Clemens lacht. „Eine gute Frage! Mal sehen, ob wir die Antwort auf unserer heutigen Reise finden. Hände an die Drehorgel!"

Was glaubt ihr? Hatten die Kinder früher Adventskalender?

Und schon erklingt die sonderbare Reisemelodie wieder und die Welt beginnt sich zu drehen.

Als der letzte Ton der Drehorgel verklungen ist, stehen Malia, Mads und Clemens in einem langen, dunklen Flur, von dem mehrere Wohnungstüren abgehen.

„Das ist bestimmt ein altes Mietshaus", flüstert Mads. „In welchem Jahr wir wohl gelandet sind?"

„1911, im Jahr 1911", antwortet Malia und zeigt auf eine Tageszeitung, die vor einer Wohnungstür liegt. Sie schreckt zurück, als die Tür plötzlich geöffnet wird und ein Junge die Zeitung aufhebt.

Er mustert Clemens, Malia und Mads neugierig und fragt: „Seid ihr die Neuen aus dem Dachgeschoss? Ich bin Max. Kommt doch kurz rein, dann stelle ich euch meine Familie vor."

Max hat noch drei Geschwister – zwei Schwestern und einen Bruder.

Nachdem alle Malia, Mads und Clemens begrüßt haben, fragt Max: „Kommt ihr mit raus? Einen Schneemann bauen?"

Was für eine Frage! Natürlich machen Malia und Mads mit.

Als sie Max und seinen Geschwistern nach draußen folgen, bleibt ihr neuer Freund an der Wohnungstür stehen. Jemand hat mit Kreide einige Striche an die Tür gemalt. Einen davon wischt Max jetzt weg.

Überlegt: Was könnte das bedeuten?

Mads grinst und fragt: „Wischst du immer einen Strich ab, wenn du rausgehst? Was passiert denn, wenn alle weg sind? Darfst du dann nicht mehr nach draußen?"

„Mann, kennst du das nicht?" Max sieht ihn erstaunt an. „Am 1. Dezember hat meine Mutter 24 Kreidestriche an die Tür gemalt. Jeden Tag wird ein Strich weggewischt. Morgen ist meine Schwester Anne an der Reihe und übermorgen Karl, danach Maria, dann wieder ich und immer so weiter. Und wenn der letzte Strich weg ist, ist Heiligabend. Macht ihr das nicht so?"

Verblüfft betrachtet Mads die verbliebenen Kreidestriche. Ein Adventskalender, denkt er. Das ist ein Adventskalender. Ein Adventskalender aus Kreidestrichen. Davon muss ich unbedingt Oma erzählen, wenn wir zurück sind.

Er grinst und folgt Max und den anderen nach draußen.

Zusammenfassung

Mads fragt sich, ob die Kinder in früheren Zeiten auch schon Adventskalender hatten und wie diese wohl aussahen. Die Antwort erhält er
auf einer Reise ins Jahr 1911. In einem Mietshaus begegnet er Max
und seinen Geschwistern. Ihr Adventskalender besteht aus Kreidestrichen an der Tür, von denen jeden Tag einer weggewischt wird.

Gesprächsanlass: Warten auf …

So wird's gemacht:
- Unterhaltet euch über verschiedene Situationen, in denen ihr warten müsst: z.B. auf Weihnachten, auf euren Geburtstag, auf den Bus.
- Was empfindet ihr beim Warten? (z.B. Ungeduld, Vor-freude, Ungewissheit, Hoffnung, Anspannung, Zuver-sicht, Angst)
- Woher wisst ihr, wie lange ihr noch warten müsst? (Uhr, Kalender)

- Probiert gemeinsam aus, ob euch eine Minute kurz oder lang vorkommt,
  - … wenn ihr in dieser Zeit etwas gerne tut.
  - … wenn ihr euch langweilt.
  - … wenn ihr auf eine belebte Straße seht.
  - … wenn ihr auf eine eintönige Teerfläche seht.
- Messt die Zeit: Wie lange dauert euer Lieblingslied? Wie lange braucht man für 15 Kniebeugen?

4. Dezember

Glückszweige

Die Nacht verbringen Malia, Mads und Clemens in der leeren Dachgeschosswohnung des Mietshauses, bevor sie ganz früh am nächsten Morgen aufbrechen und einer Landstraße folgen.

Bis auf eine junge Frau, die am Wegrand ein paar Zweige von einem Kirschbaum schneidet, ist weit und breit noch niemand zu sehen.

Malia zupft Clemens am Ärmel. „Du, Clemens?", fragt sie. „Was macht die Frau da?"

„Das erfährst du auf unserer heutigen Reise ins Mittelalter, um genau zu sein, ins Jahr 1492", antwortet Clemens und beginnt die Drehorgel zu spielen.

Sobald die Musik verklungen ist, sieht Malia sich um. Sie stehen vor einer Bauernkate.

Wisst ihr, was eine Bauernkate ist?

Im Garten neben dem Haus versucht ein kleines Mädchen, einige Zweige von einem Baum zu schneiden. Genau wie die Frau, die Malia eben noch im Jahr 1911 gesehen hat.

„Warte, ich helfe dir", ruft Mads dem kleinen Mädchen zu.

Schnell folgt Malia ihm und fragt: „Warum schneidest du mitten im Winter Zweige ab?"

Die Kleine sieht die Geschwister mit großen Augen an. „Na, heute ist doch der 4. Dezember, Barbaratag. Wenn ich heute ein paar Zweige vom Kirschbaum ins Wasser stelle und sie an Weihnachten blühen, bringt das Glück im neuen Jahr."

„Und warum heißt der Tag Barbaratag?"

„Er wurde nach der heiligen Barbara benannt", ertönt eine Stimme hinter ihnen. Eine Frau ist in den Garten gekommen. „Barbara lebte vom Ende des zweiten bis Anfang des dritten Jahrhunderts", erklärt sie. „Ihr Vater sperrte sie ins Gefängnis, weil sie an Jesus glaubte. In ihrer Zelle stellte Barbara einen abgebrochenen Kirschzweig ins Wasser und an dem Tag, an dem sie zum Tode verurteilt wurde, blühten die Knospen des Zweiges wie durch ein Wunder auf. Am Barbaratag denken wir an die junge Frau und schneiden Kirschzweige ab, damit sie uns mit ihrem Aufblühen in der dunklen Jahreszeit Licht und Freude bringen."

Warum freuen sich die Menschen, wenn die Knospen im Winter blühen?

„Aber wer seid ihr überhaupt? Ich habe euch noch nie gesehen." Misstrauisch mustert die Frau die Fremden in ihrem Garten.

Clemens verbeugt sich und antwortet: „Wir sind auf der Durchreise. Mein Name ist Clemens und das sind Malia und Mads."

„Und ich heiße Helene und das ist meine Mama Ute", erklärt das kleine Mädchen. Neugierig betrachtet es die Drehorgel. „Was ist das für ein Ding?"

„Das ist eine Drehorgel", antwortet Clemens. „Sie macht Musik. Hör mal!"

Er beginnt zu spielen und Helene und ihre Mutter lauschen andächtig.

Als der letzte Ton verklungen ist, lächelt Ute und sagt: „Das war wunderschön. Darf ich euch noch etwas zu trinken und zu essen anbieten, ehe ihr weiterzieht?"

Neugierig sehen Malia, Mads und Clemens sich im Haus um. Die Kate besteht nur aus einem Raum mit zwei Schlafstellen, einer großen Holztruhe und einem Wandregal, auf dem verschiedene Holzschüsseln und -löffel liegen. Ein Tisch mit drei Stühlen steht neben der Feuerstelle, die sich mitten im Zimmer befindet und über der ein großer Suppenkessel hängt. Durch eine Öffnung im Dach zieht der Rauch des Feuers nach draußen.

Ute bewirtet ihre Gäste mit Wasser und frisch gebackenem Früchtebrot und lädt sie ein, in ihrem Haus zu übernachten.

Zusammenfassung

Clemens, Malia und Mads begegnen im Jahr 1492 dem kleinen Bauernmädchen Helene. Es ist Barbaratag und Helene schneidet Zweige von einem Kirschbaum, um sie ins Wasser zu stellen. So erfahren Malia und Mads von der heiligen Barbara, die von ihrem Vater eingesperrt wurde, weil sie an Jesus glaubte. Der Kirschzweig, den sie in ihrer Zelle ins Wasser stellte, erblühte an dem Tag, an dem sie zum Tode verurteilt wurde.

Serviettenblumen

Material pro Kind:
- farbige Papierserviette
- Schere

So wird's gemacht:
- Jedes Kind legt die Serviette so vor sich auf den Tisch, dass sich die geschlossene Seite oben und die halbgeschlossene Seite links befindet.
- Am linken Rand wird nun ein 0,5 – 1 cm breiter Streifen abgeschnitten. Diesen Streifen aufheben!
- Die Serviette jetzt nach oben aufklappen, sodass ein Rechteck entsteht.
- Danach die Serviette von unten nach oben als Ziehharmonika auffalten.

- Die Mitte der aufgefalteten Serviette mit dem abgeschnittenen Streifen zusammenbinden und verknoten.
- Zuerst auf der einen Seite und dann auf der anderen Seite der Ziehharmonika die einzelnen Schichten der Ziehharmonika (normalerweise sechs Lagen) vorsichtig auseinanderziehen, sodass die Blüte entsteht.

Tipp:
Für kleinere Blumen kann man kleinere Servietten verwenden oder die fertige Ziehharmonika in der Mitte noch mal halbieren.

5. Dezember

Nikolausschiffchen

Am folgenden Morgen verabschieden sich Malia, Mads und Clemens von Helene und ihrer Mutter – im Gepäck einen Kirschzweig, den Ute mit einem feuchten Lappen umwickelt hat. Sobald sie außer Sichtweite der Bauernkate sind, treten sie mit der magischen Drehorgel ihre nächste Reise an.

„Wow, Mads, schau mal!", ruft Malia, als sie ihr Ziel erreicht haben. „Wir sind am Meer gelandet!"

Mads folgt ihrem Blick und betrachtet gebannt die Steilküste, die vor ihnen liegt. In der Ferne ist schemenhaft eine kleine Stadt zu erkennen und vom Meer her weht ein eisiger Wind. Malia und Mads ziehen sich ihre Mützen über die Ohren und sind froh über ihre gefütterten Handschuhe.

„Sind wir immer noch im Mittelalter?", fragt Mads Clemens.

„Ja, es ist der 5. Dezember 1489."

Der 5. Dezember! Malia horcht auf. „Dann ist ja morgen Nikolaustag!", ruft sie. „Clemens, kann ich heute Abend meinen Stiefel vor die Tür stellen? Haben die Kinder im 15. Jahrhundert das auch schon gemacht?"

Warum will Malia ihren Stiefel vor die Tür stellen? Kennst du diesen Brauch?

Clemens lacht. „Wart's ab, Malia", sagt er. „Mal sehen, was die Stadt da vorn für uns bereit hält!"

Im Hafen des kleinen Ortes liegen einige Boote vor Anker und Fischer sind mit flinken Fingern dabei, ihre Netze zu flicken.

Eine kleine Gasse führt weiter zum Marktplatz der Stadt. Dort kauft Clemens beim Bäcker ein Brot. Die Kinder genießen jeden Bissen, während sie durch die engen Gassen der Hafenstadt laufen.

Vor einem windschiefen Haus sitzt ein kleiner Junge und faltet aus Papier ein Schiff. Erstaunt stellen Malia und Mads fest, dass fast vor jeder Tür Papierschiffe stehen. Wozu das wohl gut sein soll?

Habt ihr eine Idee, warum vor fast jeder Tür Papierschiffchen stehen?

In diesem Moment kommt ein Mädchen aus dem Haus. In der Hand hält es ein Papierschiff.

Jetzt will Malia aber wirklich wissen, was es damit auf sich hat, und fragt: „Warum stellt ihr denn alle Schiffe aus Papier vor eure Türen?"

Das fremde Mädchen sieht sie erstaunt an. „Für den heiligen Nikolaus natürlich, damit er seine Gaben hineinlegt", antwortet es schließlich.

„Schiffe für den Nikolaus?" Mads ist verwirrt. „Warum denn Schiffe und keine Stiefel?"

„Wieso Stiefel?" Das Mädchen blickt verdutzt drein. „Was haben denn Stiefel mit dem heiligen Nikolaus zu tun? Er hat doch keinen Stiefel gerettet, sondern Seeleute. Er hat den Sturm beruhigt, in den sie geraten sind, und ihr Schiff sicher in den Hafen gebracht. Deshalb stellen wir die Papierschiffchen auf. Warum wisst ihr das denn nicht?"

„Äh … wir sind nicht von hier", stammelt Malia. „Aber das ist eine schöne Geschichte."

Im Gasthaus der kleinen Stadt finden die Kinder und Clemens eine Unterkunft für die Nacht. Bevor sie schlafen gehen, kramt Mads seinen Schreibblock aus dem Rucksack und reißt zwei Seiten heraus. „Komm, Malia. Wir falten auch jeder ein Nikolausschiff und stellen es vor die Tür."

Gesagt, getan. Am nächsten Morgen flitzen die Geschwister sofort nach dem Aufstehen nach draußen, um nachzusehen, ob der Nikolaus da war. Und tatsächlich: Ihre Schiffe sind bis zum Rand gefüllt mit Nüssen und Lebkuchen!

„Nächstes Jahr stelle ich auch zu Hause ein Nikolausschiffchen vor die Tür", beschließt Malia.

„Ich auch", stimmt ihr Bruder zu.

Zusammenfassung

In einer Stadt am Meer stellen die Kinder am Vorabend des Nikolaustags statt ihrer Stiefel selbst gefaltete Schiffchen aus Papier vor die Tür, damit der Nikolaus seine Gaben hineinlegt. Dieser Brauch ist entstanden, weil der heilige Nikolaus einst einige Seeleute aus Seenot gerettet haben soll. Seitdem wird er als ihr Schutzpatron verehrt.

Papierschiffe

Material pro Kind:
- rechteckiges Blatt Papier (DIN A4 oder DIN A3)
- Kopie der Vorlage von Seite 54

So wird's gemacht:
- Die Kinder falten der Anleitung entsprechend ein Papierschiff.
- Die Papierschiffe können sie bunt anmalen und mit einem Namen versehen.
- Am Vorabend des Nikolaustages können die Kinder ihr Papierschiff vor ihre Tür stellen.

Tipp:
Die Karten mit den einzelnen Anleitungsschritten auf der Vorlage können Sie auch ausschneiden und mischen, damit die Kinder sie in die richtige Reihenfolge bringen können.

6. Dezember

Der Kinderbischof

Nach dem Frühstück teilen Malia und Mads ihre Nikolausgaben mit Clemens. Die Lebkuchen sind lecker und Mads beißt herzhaft in ein zweites Stück.

Dann wendet er sich an Clemens und fragt: „Wohin reisen wir denn heute?"

„Wir bleiben hier", antwortet der Drehorgelspieler. „Das heißt, im Jahr 1489. Im Nachbarort gibt es eine Klosterschule. Die wollen wir besuchen, denn dort gibt es am Nikolaustag einen Brauch, der euch sicher gefallen wird."

Am frühen Nachmittag erreichen sie das Kloster. Auf ihr Läuten hin öffnet ihnen ein alter Mönch das Tor.

„Ihr wollt bestimmt zum Kinderbischof", sagt er. „Er ist mit seinem Gefolge schon in der Kapelle. Folgt mir! Ich bringe euch hin!"

Clemens schiebt seine Drehorgel hinter eine Säule und eilt mit Malia und Mads dem alten Mönch hinterher.

„Kinderbischof?", flüstert Malia. „Was ist denn ein Kinderbischof?"

Clemens lächelt. „Die Klosterschüler wählen ihn einmal im Jahr", erklärt er mit leiser Stimme, „und zwar am 5. Dezember, am Abend vor Nikolaus. Dann übernimmt der Kinderbischof für einen Tag die Aufgaben des richtigen Bischofs."

Hinter dem alten Mönch schlüpfen sie in die Kapelle und sehen sich um. Der Kinderbischof sitzt auf dem Bischofsstuhl.

„Du quälst uns Schüler immer mit Zahlen und der Berechnung von Flächen und gibst viel zu viele Hausaufgaben auf", sagt er gerade zu einem Mönch, der vor seinem Thron steht. „Zur Strafe schreibst du einen Aufsatz darüber, wie du den Unterricht ab jetzt besser gestalten kannst."

Mads grinst. „Das möchte ich meinem Mathelehrer auch mal empfehlen", flüstert er.

Malia lacht und fragt: „Ob Oma uns das glaubt?"

In diesem Moment tritt der nächste Mönch vor den Bischofsstuhl.

„Ah, Bruder Samuel." Der Kinderbischof sieht den Mann streng an. „Du gebrauchst deine Rute viel zu oft. Deine Schüler fürchten dich. Gefällt dir das? Ich bestimme hiermit, dass die Rute einen Monat lang im Schrank bleibt. Wer weiß, vielleicht brauchst du sie danach gar nicht mehr. Und nun zu dir, Bruder Gottfried."

Ein kleiner, pummeliger Mönch erhebt sich.

„Dich kann ich nur loben. Du gibst dir beim Kochen immer sehr viel Mühe und lässt es auch an frischem Obst nicht fehlen. Zur Belohnung bekommst du dieses Quittenbrot. Lass es dir schmecken und mach deine Arbeit weiter so gut."

Weißt du, was Quitten sind?

Gebannt lauschen Malia und Mads, während der Kinderbischof einen Mönch nach dem anderen lobt oder tadelt.

Als die Dämmerung hereinbricht, bieten die Mönche ihnen an, im Kloster zu übernachten. Beim Abendessen stellen Malia und Mads fest, dass der Kinderbischof recht hat: Bruder Gottfried kann wirklich gut kochen.

Als sie am nächsten Morgen die Klosterschule verlassen, gähnt Mads herzhaft. „Stehen die immer mitten in der Nacht auf?", fragt er. Um fünf Uhr früh haben sie sich mit den Klosterschülern zum Gebet zusammengefunden.

Clemens lacht. „Ja, und im Sommer sogar noch früher. Da beginnt das Gebet schon um vier Uhr."

„Puh! Gut, dass bei uns der Unterricht erst um acht Uhr anfängt", ruft Mads erleichtert.

Zusammenfassung

Malia und Mads besuchen mit Clemens eine Klosterschule und erleben mit, wie der von den Kindern am Vorabend gewählte Kinderbischof verschiedene Mönche lobt und tadelt. Die Kinder und Clemens übernachten im Kloster und können sich von Bruder Gottfrieds gelobten Kochkünsten selbst überzeugen.

Spiel: Rollentausch

Material:
- Karteikarten oder Zettel
- Stift

So wird's gemacht:
- Schreiben Sie die Namen weihnachtlicher Personen auf Karteikarten (z. B. Nikolaus, St. Barbara, St. Lucia, Nussknacker, Engel, Josef, Maria, Jesuskind, Ochse, Esel, Hirte).

- Die Karten werden verdeckt auf den Tisch gelegt und gemischt.
- Ein Kind zieht eine Karte und liest verdeckt den darauf stehenden Namen.
- Es versetzt sich nun in die auf der Karte genannte Person und erzählt etwas über „sich", ohne dabei den Namen zu nennen.
- Der Rest der Gruppe versucht zu erraten, von wem die Rede ist.
- Wer richtig rät, zieht als Nächstes eine Karte.

7. Dezember

Der Wunschzettel

„Wohin geht's denn diesmal?", fragt Malia, die putzmunter neben ihrem Bruder herspringt.

Clemens sieht sie an und meint: „Das darfst du heute bestimmen. Gibt es etwas, das du über Weihnachten in früheren Zeiten wissen möchtest?"

Malia überlegt einen Augenblick. Sie denkt an Weihnachten, wie sie es kennt – an den Weihnachtsmarkt, ans Plätzchen backen, an Weihnachtslieder und natürlich an ihren Wunschzettel.

„Ich möchte gern wissen", sagt sie schließlich, „was die Kinder sich früher zu Weihnachten gewünscht haben. Zum Beispiel als meine Oma klein war."

„Alles klar", sagt Clemens und beginnt die Drehorgel zu spielen.

Nachdem die Reisemelodie verklungen ist, sehen die Kinder sich um.

„Das gibt's doch nicht!", ruft Mads aus. „Malia, weißt du, wo wir sind? Das ist Mühlheim. Hier wohnt Oma. Clemens, welches Jahr haben wir?"

„1950", antwortet Clemens.

„1950?", wiederholt Mads. „Dann … dann ist Oma ja erst sieben Jahre alt."

Fasziniert betrachtet er mit seiner Schwester die Autos, die an ihnen vorbeifahren. Sie sehen viel klobiger aus, als die, die sie aus ihrer Zeit kennen.

Plötzlich fällt Malias Blick auf etwas Weißes am Straßenrand, ein offener Briefumschlag. Neugierig hebt sie ihn auf. Sie zieht den Brief, der im Umschlag steckt, vorsichtig heraus und faltet ihn auseinander.

Habt ihr auch schon einmal einen Brief geschrieben?

„Mein Wunschzettel" entziffert sie die fremde Schrift und schreit plötzlich laut auf: „Mads … Mads, schau mal, wer diesen Wunschzettel geschrieben hat!" Sie hält ihrem Bruder den Brief unter die Nase und zeigt auf die Unterschrift: „Irene Horst. Siehst du – Horst! So hieß Oma doch, bevor sie Opa geheiratet hat."

„Oma … der Brief ist von Oma?", stammelt Mads.

Was, glaubt ihr, könnte auf dem Wunschzettel stehen?

„Ja, ist das nicht lustig? Sie hat sich zu Weihnachten Malstifte, einen Zeichenblock, eine rote Mütze und ein Buch gewünscht. Mads, wir müssen den Wunschzettel zur Post bringen. Wahrscheinlich hat Oma den Brief auf dem Weg dahin verloren." Malia steckt den Brief zurück in den Umschlag. „Clemens, weißt du, wo das Postamt ist?"

Doch der Drehorgelspieler kommt nicht mehr dazu zu antworten. Ein Mädchen mit langen geflochtenen Zöpfen unter einer bunten Strickmütze läuft auf sie zu.

„Oh gut, ihr habt den Brief mit meinem Wunschzettel gefunden. Ich habe ihn vorhin verloren. Gebt ihr ihn mir bitte wieder?"

Malia und Mads starren das Mädchen an. Vor ihnen steht ihre Oma. Ihre sieben Jahre alte Oma!

„Was ist? Könnt ihr nicht sprechen?", fragt das Oma-Mädchen und lacht laut auf. „Keine Angst, ich beiße nicht! Gebt ihr mir bitte meinen Brief?"

„Na… natürlich", stammelt Malia und reicht dem Mädchen den Umschlag.

„Danke", sagt ihre Oma und wendet sich ab. Doch dann dreht sie sich noch einmal um und ruft: „Ich bin übrigens Irene. Vielleicht sehen wir uns ja bald mal wieder!"

„Ganz bestimmt", flüstert Mads so leise, dass Irene es nicht mehr hören kann. „Ganz bestimmt!"

Die Geschwister brauchen eine Weile, um die Begegnung mit dem Oma-Mädchen zu verdauen. Als es dunkel wird, mietet Clemens ein Zimmer in einer Pension und die Kinder fallen todmüde ins Bett.

Zusammenfassung

Malia und Mads können es kaum glauben. Sie sind bei ihrer Reise in die Vergangenheit im Jahr 1950 in der Heimatstadt ihrer Oma gelandet. Und damit nicht genug: Auf der Straße finden sie den Wunschzettel ihrer erst sieben Jahre alten Großmutter und stehen ihr schließlich sogar leibhaftig gegenüber.

Unser Wunschzettel

Material pro Kind:
• Kopie der Vorlage von Seite 55

So wird's gemacht:
• Überlegt zunächst gemeinsam, was ihr euch zu Weihnachten wünscht:
  – Das können Dinge sein, die man sehen und anfassen kann, z. B. ein Buch, eine CD.
  – Das können auch Dinge sein, die man nicht sehen und anfassen kann, z. B. sich mit jemandem versöhnen, neue Freunde, Frieden.
• Damit eure Eltern oder andere Personen von euren Wünschen erfahren, könnt ihr anschließend einen eigenen Wunschzettel gestalten.

Tipp:
Die Kinder können auch gemeinsam einen Wunschzettel für die ganze Klasse gestalten. Was wünschen sie sich für die Klasse im neuen Jahr?

8. Dezember

Tinte für Tante Hedwig

„Schneeflöckchen, Weißröckchen, wann kommst du geschneit …"

Fröhlicher Gesang weckt Malia, Mads und Clemens am nächsten Morgen. Vor ihrem Fenster spielen einige Kinder und singen dabei lauthals das alte Schneelied. Malia und Mads stimmen ein und summen die Melodie immer noch vor sich hin, als die magische Drehorgel sie mitten in ein Arbeitszimmer befördert.

Vor dem Schreibtisch am Fenster, der unter Stapeln von Papieren und Büchern kaum noch zu sehen ist, steht eine Frau. Sie trägt ein langes Kleid und hat ihre Haare hochgesteckt.

„Ich weiß, dass ich noch ein Tintenfass hatte. Wo kann es nur sein?", murmelt sie vor sich hin.

Wozu braucht die Frau ein Tintenfass?

„Clemens, wer ist das und welches Jahr haben wir?", flüstert Mads.

„1869 und das ist Hedwig Haberkern, genannt Tante Hedwig. Sie ist Lehrerin und schreibt nebenbei Geschichten für Kinder", antwortet der Drehorgelspieler ebenso leise.

Plötzlich niest Malia neben ihnen heftig.

Die Frau am Schreibtisch fährt herum. „Wer hat euch denn hereingelassen?", fragt sie erstaunt. Doch ohne eine Antwort abzuwarten, fährt sie fort: „Ihr habt nicht zufällig mein Tintenfass gesehen? Ich war mir sicher, dass ich noch ein volles auf meinem Schreibtisch hatte. Doch ich finde es einfach nicht. Und ich muss schnell etwas aufschreiben, ehe ich es wieder vergesse."

Ein breites Grinsen erscheint auf Mads' Gesicht. Er nimmt seinen Rucksack ab und kramt das kleine Tintenfass hervor, das Oma ihnen mitgegeben hat. „Hier, Frau Haberkern, ich habe ein bisschen Tinte. Ich schenke sie Ihnen."

„Oh, das ist lieb von dir, mein Junge. Und sag ruhig Tante Hedwig zu mir. So wie alle Kinder."

Tante Hedwig setzt sich an ihren Schreibtisch, nimmt ein Blatt Papier und eine Feder zur Hand und fängt an zu schreiben. Dann und wann hält sie inne, denkt nach, streicht ein paar Wörter durch und schreibt weiter.

Erst nach einer ganzen Weile schaut sie wieder hoch und fragt irritiert: „Ihr seid ja immer noch da. Na ja, dann sagt mir doch bitte, was ihr hiervon haltet." Sie nimmt das beschriebene Blatt zur Hand und liest laut vor:

> „Schneeflöckchen, vom Himmel
> da kommst du geschneit,
> du warst in der Wolke,
> dein Weg ist gar weit."

Kommt euch das Lied bekannt vor?

Malia und Mads sehen sich an. Von diesem Lied sind sie doch heute geweckt worden. Nur der Text ist ihnen ein bisschen fremd.

„Nun, was meint ihr? Geht das so?", fragt Tante Hedwig. „Ich brauche das Lied für meine Geschichte von der Schneeflocke."

„Ich mag es", sagt Malia.

„Ich auch", meldet sich Clemens zu Wort, der sich bis jetzt still im Hintergrund gehalten hat. „Ein schönes Lied! Aber wir müssen uns jetzt verabschieden. Es ist schon spät. Auf Wiedersehen, Tante Hedwig."

„Ja … ja … vielen Dank und auf Wiedersehen", antwortet Frau Haberkern zerstreut. In Gedanken ist sie schon wieder bei ihrer Schneeflockengeschichte.

Zusammenfassung

Malia, Mads und Clemens landen im Jahr 1869 im Arbeitszimmer von Hedwig Haberkern, genannt Tante Hedwig. Sie ist Lehrerin und schreibt Geschichten für Kinder. Weil sie unbedingt Tinte braucht, schenkt Mads ihr das Tintenfass, das Oma ihnen mitgegeben hat. Tante Hedwig setzt sich an ihren Schreibtisch und Malia, Mads und Clemens erleben mit, wie sie den Text des Liedes „Schneeflöckchen, Weißröckchen" aufschreibt.

Bewegungslied: Schneeflöckchen, Weißröckchen

Material:
• Kopie der Vorlage von Seite 56

So wird's gemacht:

1. Schneeflöckchen, Weißröckchen, — *mit beiden Händen fallende Schneeflocken andeuten*
   wann kommst du geschneit?
   Du wohnst in den Wolken, dein Weg ist so weit. — *zum Himmel zeigen und nach oben schauen*
2. Komm, setz dich ans Fenster, du lieblicher Stern, — *etwas heranwinken*
   malst Blumen und Blätter, — *mit einem Finger eine Blume in die Luft malen*
   wir haben dich gern. — *beide Hände über der Brust verschränken*
3. Schneeflöckchen, du deckst uns die Blümelein zu, — *mit beiden Händen eine schützende Geste andeuten*
   dann schlafen sie sicher in himmlischer Ruh. — *beide Hände an eine Wange legen und „schlafen"*
4. Schneeflöckchen, Weißröckchen, — *mit beiden Händen fallende Schneeflocken andeuten*
   komm zu uns ins Tal, — *etwas heranwinken*
   dann baun wir den Schneemann — *die Kugeln eines Schneemanns andeuten*
   und werfen den Ball. — *einen Schneeball werfen*

9. Dezember

Rettung aus dem Eis

„Schneeflöckchen, Weißröckchen …", singen Malia und Mads wieder lauthals, als Clemens' Drehorgel sie am nächsten Morgen ins Jahr 1675 entführt.

Auf einem zugefrorenen See tummeln sich einige Kinder. Verwundert betrachtet Malia ihre Schlittschuhe.

„Die sehen aber komisch aus", stellt sie fest. Die Schlittschuhe bestehen aus einfachen Holzkufen, die mit Lederriemen an den Schuhen der Kinder festgebunden sind.

Seid ihr schon einmal Schlittschuh gelaufen?

Plötzlich stürzt ein kleines Mädchen über einen dicken Ast, der mitten auf dem Eis liegt. Seine rechte Holzkufe löst sich und rutscht Malia genau vor die Füße. Der Lederriemen ist gerissen. Das kleine Mädchen rappelt sich schnell wieder auf. Doch als es den kaputten Riemen sieht, fängt es an zu weinen.

„Nicht traurig sein. Vielleicht können wir ihn ja reparieren", sagt Malia. Ihr sind die zwei Lederriemen eingefallen, die Oma ihnen mitgegeben hat. Sie holt sie aus Mads' Rucksack und hilft der Kleinen, die Holzkufe wieder an ihrem Schuh zu befestigen. Zur Sicherheit tauschen sie auch den Riemen an der zweiten Kufe aus.

„Probier mal, ob's hält", sagt Malia dann.

Das Mädchen gleitet aufs Eis, dreht eine Runde, kommt zurück ans Ufer und erklärt: „Die Riemen sind großartig. Vielen Dank! Willst du auch mal fahren?"

„Gern", sagt Malia und fragt: „Wie heißt du eigentlich?"

„Dörte. Und du?"

„Malia. Und das sind Mads und Clemens."

„Soll ich dir helfen, die Kufen festzubinden?", fragt Dörte.

Malia nickt.

Doch in diesem Moment ertönt plötzlich ein lautes Krachen: Ein Junge ist im Eis eingebrochen.

„Thomas, Thomas!", rufen die anderen Kinder erschrocken.

Warum ist es so gefährlich, wenn man im Eis einbricht?

Mads läuft aufs Eis. Ein Stück von der Einbruchstelle entfernt legt er sich flach hin und robbt langsam voran. Als er Thomas erreicht, greift er nach den Händen des kleinen Jungen und zieht ihn vorsichtig aus dem Wasser. Zusammen rutschen sie rückwärts über die gefrorene Oberfläche des Sees, bis sie weit genug von der Einbruchstelle entfernt sind.

Clemens eilt herbei, wickelt den kleinen Unglücksraben in seinen Umhang und nimmt ihn auf den Arm.

„Ich zeig euch, wo Thomas wohnt!", ruft Dörte und läuft voraus.

Als Thomas' Mutter erfährt, was ihrem Sohn passiert ist und wie er gerettet wurde, umarmt sie Mads so fest, dass er fast keine Luft mehr bekommt.

„Ich weiß gar nicht, wie ich dir danken soll", sagt sie. „Auf jeden Fall gibt es für alle eine große Schüssel Gemüsesuppe, damit euch wieder warm wird."

Die Suppe tut richtig gut und schmeckt einfach köstlich.

Nach dem Essen stürmen die Kinder wieder zum Spielen nach draußen.

Gegen Abend kommt Thomas' Vater Emil von der Arbeit. Er ist Kutscher und arbeitet für den Gutsbesitzer, auf dessen Land das kleine Haus von Thomas und seiner Familie steht. Als Emil hört, dass Mads seinen Sohn aus dem Eis gerettet hat, besteht er darauf, dass die Geschwister und der Drehorgelspieler die Nacht in seinem Haus verbringen.

Vor dem Einschlafen denkt Mads an seine Oma. Er freut sich schon sehr darauf, ihr von Thomas zu erzählen.

Zusammenfassung

An einem zugefrorenen See beobachten Malia, Mads und Clemens einige Kinder beim Schlittschuhlaufen auf Holzkufen, die mit Lederriemen an den Schuhen befestigt sind. Als einem kleinen Mädchen ein Riemen reißt, schenkt Malia ihm die Lederriemen, die Oma ihnen mitgegeben hat. Plötzlich bricht ein Junge namens Thomas ins Eis ein. Mads kann ihn retten. Zum Dank werden er, Malia und Clemens von der Mutter zum Essen eingeladen und dürfen bei der Familie übernachten.

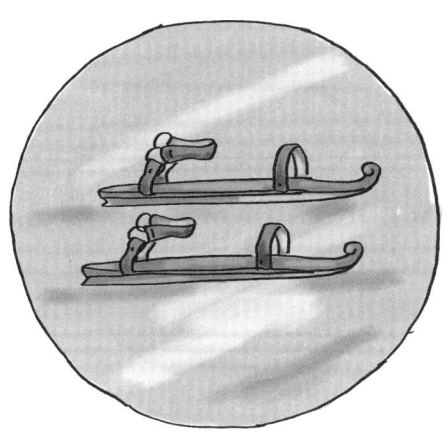

Vom Büblein auf dem Eis

Material:
- Kopie der Vorlage von Seite 57
- ggf. Rhythmusinstrumente

So wird's gemacht:
- Lesen Sie das Gedicht vom Büblein auf dem Eis vor und sprechen Sie gemeinsam über den Inhalt:
  - Was ist dem Jungen passiert?
  - Was wäre passiert, wenn der Mann nicht zufällig vorbeigekommen wäre?
  - Wie hat sich der Vater zu Hause verhalten?
  - Findet einen anderen Schluss für das Gedicht.
  - Warum ist es so gefährlich, auf einen gefrorenen See zu gehen?
- Das Gedicht eignet sich zur pantomimisch-szenischen Darstellung. Folgende Rollen sind zu vergeben: Büblein, Mann und Vater.
- Das Stampfen, Hacken, Knacken und Platschen können die Kinder mit Rhythmusinstrumenten nachahmen.

10. Dezember

Die Schlittenfahrt

Am nächsten Morgen wollen Malia, Mads und Clemens nach dem Frühstück abreisen. Doch Emil hält sie zurück.

„Nun mal nicht so schnell", sagt er. „Ich habe eine Überraschung für euch."

Was für eine Überraschung könnte das sein?

Emil sieht Malia und Mads an: „Mein Gutsherr veranstaltet jedes Jahr in der Adventszeit eine Schlittenfahrt für die Kinder seiner Landarbeiter. Wollt ihr mitfahren?"

„O ja, sehr gern." Vor Freude hüpft Malia auf und ab und auch Mads strahlt über das ganze Gesicht.

Gespannt folgen sie Emil und Thomas zum Gut.

„Mads, Mads, sieh mal!", ruft Malia, als sie dort ankommen. Sie zeigt auf drei große Pferdeschlitten, die vor dem Gutshaus stehen. „Die sehen genauso aus wie der bei uns im Museum."

Tatsächlich! Die drei Schlitten haben die gleichen geschwungenen Kufen, Kutschböcke und rot gepolsterten Sitzbänke wie der Schlitten, den Mads mit Malia und seinen Eltern im Heimatmuseum bewundert hat.

In diesem Moment stürmen einige Kinder auf die Pferdeschlitten zu und lassen sich auf die roten Bänke plumpsen. Malia, Mads und Thomas steigen auf Emils Schlitten und kuscheln sich in die Wolldecken, die er für sie mitgenommen hat.

Und schon geht's los. Dutzende Glöckchen am Pferdegeschirr bimmeln lustig, als die Schlitten sich in Bewegung setzen. Immer schneller gleiten sie über den Schnee.

Der Fahrtwind pfeift Malia und Mads um die Ohren. Er färbt ihre Nasen rot und ihre Wangen werden eiskalt. Doch das macht ihnen überhaupt nichts aus.

Auf einer Wiese legen die Kutscher eine Pause ein. Zusammen mit den anderen Kindern bauen Malia und Mads einen großen Schneemann, bevor es zum Gutshof zurückgeht. Es wird schon dunkel, als sie ihn erreichen.

„Hm", meint Emil. „Heute ist es für euch zu spät, um weiterzureisen. Ich denke, ihr bleibt bis morgen noch mal bei uns zu Gast."

Und so verbringen Malia, Mads und Clemens noch eine Nacht bei Thomas und seiner Familie.

Wie jeden Abend seit dem Barbaratag stellt Malia vor dem Schlafengehen den Kirschzweig, den sie von Ute bekommen hat, ins Wasser. Dabei schießt ihr ein Gedanke durch den Kopf.

„Mads", sagt sie, „wir haben noch gar nichts für Oma und dabei sind wir schon neun Tage unterwegs. Wir sollten ihr doch Weihnachten mitbringen."

Mads sieht seine Schwester betreten an. Malia hat recht.

Clemens hat die Unterhaltung der beiden verfolgt. „Ihr habt doch schon einiges für eure Oma", mischt er sich nun ein. „Den Kirschzweig von Ute und jede Menge Erlebnisse, von denen ihr erzählen könnt. Und außerdem sind wir noch eine ganze Weile unterwegs. Da wird sich sicher noch das eine oder andere für eure Oma finden. Vielleicht ja sogar schon morgen …"

Malia atmet auf. Clemens hat recht. Beruhigt krabbelt sie unter ihre Decke und schläft sofort ein.

Welche Weihnachtserlebnisse hatten Malia und Mads?

Zusammenfassung

Nachdem Malia, Mads und Clemens die Nacht bei Thomas und seiner Familie verbracht haben, lädt Thomas' Vater Emil die Geschwister am nächsten Tag zu einer Schlittenfahrt ein, die sein Gutsherr für die Kinder seiner Landarbeiter veranstaltet. Zusammen mit Thomas und den anderen Kindern genießen sie die tolle Schlittenfahrt und erleben einen schönen Nachmittag im Schnee. Da sie erst spät zurückkehren, bleiben sie noch eine Nacht bei Thomas' Familie.

Bewegungsspiel: Eine musikalische Schlittenfahrt

Material:
- „Eine musikalische Schlittenfahrt" von L. Mozart auf CD oder aus dem Internet (z. B. *www.youtube.com*)
- verschiedene Glöckchen, Rasseln und Schellen
- Springseile

So wird's gemacht:
- Hören Sie sich gemeinsam das Stück an und besprechen Sie mit den Kindern die Höreindrücke. Erzählen Sie, dass es sich bei diesem Stück um die musikalische Darstellung einer Schlittenfahrt handelt.
- Die Kinder können nun zur Musik im Galopp durch den Raum laufen.
- Nun finden die Kinder sich zu Paaren zusammen und bilden „Pferdegespanne": Das „Pferd" hält vor seinem Körper ein Seil, der dahinter stehende „Kut-

scher" hält beide Seilenden. Auf diese Weise laufen sie zur Musik durch den Raum.
- Eine Kindergruppe kann das Musikstück mit Glöckchen, Rasseln und Schellen rhythmisch begleiten. Alternativ ist es auch möglich, den „Pferden" Glöckchen an die Füße zu binden.
- Gemeinsam überlegen sich die Kinder eine Choreographie.

Tipp:
Eine Begleitung mit Glöckchen, Rasseln und Schellen passt auch zu dem bekannten Lied „Jingle Bells", das ebenfalls eine Schlittenfahrt beschreibt.

11. Dezember

Der Glasbläser

Malia, Mads und Clemens betrachten fasziniert das Getümmel auf dem Marktplatz der kleinen Stadt Lauscha, in die die Drehorgel sie diesmal gebracht hat. Sie sind im Jahr 1847 gelandet und um sie herum tummeln sich gut gekleidete Bürger genauso wie Straßenkinder, Mägde, die zum Einkaufen auf den Markt eilen, Händler und Bettler.

Am Rand des Platzes stehen zwei Kinder, ein Junge und ein Mädchen. Sie versuchen, Ketten aus Glasperlen an die Marktbesucher zu verkaufen.

„Möchten Sie eine Kette kaufen, mein Herr?", fragt das Mädchen Clemens, als er mit Malia und Mads vor ihm stehen bleibt. „Vielleicht für Ihre Tochter?" Es zeigt auf Malia.

Der Drehorgelspieler lacht.

„Das ist nicht meine Tochter", erklärt er. „Aber ich kaufe dir trotzdem eine Kette ab. Hier hast du einen Taler. Reicht das?"

„Aber das ist viel zu viel, mein Herr", sagt das Mädchen und macht große Augen.

„Das ist schon in Ordnung", meint Clemens. „Wie heißt ihr zwei denn und woher habt ihr die schönen Ketten?"

„Ich bin Martha und das ist mein Bruder Franz. Und die Ketten macht unser Vater. Er ist Glasbläser."

Was ist ein Glasbläser?

„Wir können das nicht annehmen", mischt sich jetzt Franz ein. „Ein ganzer Taler ist viel zu viel für eine Kette."

Clemens überlegt einen Augenblick.

„Wisst ihr was?", sagt er dann. „Wie wäre es, wenn ihr uns zu eurem Vater bringt? Malia und Mads haben noch nie einem Glasbläser bei der Arbeit zugesehen und vielleicht finden wir dann ja noch etwas, das uns gefällt."

Franz und Martha sind einverstanden.

Als sie die Werkstatt ihres Vaters erreichen, hat der Glasbläser gerade einen Klumpen glühende Glasmasse aus dem Ofen geholt. Durch ein langes Gestänge bläst er Luft in den Klumpen und öffnet die entstandene Form. Mit einer Art Schere schneidet er den Rand an der Öffnung ab und dreht und wendet das Ganze wieder und wieder. Nach und nach entsteht so unter seinen geschickten Händen eine wunderschöne Glaskaraffe.

Als sie fertig ist, begrüßt der Glasbläser Clemens, Malia und Mads.

„Sieh mal, Papa", Martha zeigt ihm das Geldstück. „Der Herr hat uns einen ganzen Taler für eine Halskette gegeben."

„Das ist doch viel zu viel", protestiert der Glasbläser wie zuvor sein Sohn. „Das kann ich nicht annehmen. Ihr müsst euch noch etwas anderes aussuchen. Seht mal hier, die habe ich heute Morgen hergestellt." Er zeigt auf einige Nüsse und Äpfel aus Glas. „Wisst ihr, wir können es uns nicht leisten, echte Nüsse und Äpfel in unseren Weihnachtsbaum zu hängen, deshalb habe ich mir gedacht, ich forme sie aus Glas."

Was hängt ihr bei euch zu Hause an den Weihnachtsbaum?

Der Glasbläser fährt fort: „Wie wär's? Für euren Taler bekommt ihr zusätzlich zu der Halskette noch zwei Glasnüsse und einen Glasapfel. Seid ihr damit einverstanden?"

Was für eine Frage! Malia und Mads freuen sich riesig. Endlich haben sie ein Geschenk für Oma. Vorsichtig verstauen sie den kunstvollen Glasschmuck in Mads' Rucksack und verab-schieden sich von dem Glasbläser und seinen Kindern.

Zusammenfassung

Im 19. Jahrhundert treffen Malia, Mads und Clemens auf Martha und Franz, die auf dem Markt ihrer Stadt Lauscha Glasperlenketten verkaufen. Clemens erwirbt eine Kette und bittet Martha und Franz, Malia, Mads und ihn zu ihrem Vater, einem Glasbläser, zu bringen. Sie möchten ihm einmal bei der Arbeit zusehen. Gebannt beobachten sie, wie der Glasbläser eine Glaskaraffe herstellt, und bekommen noch zwei Glas-nüsse und einen Glasapfel als Schmuck für den Weihnachtsbaum geschenkt.

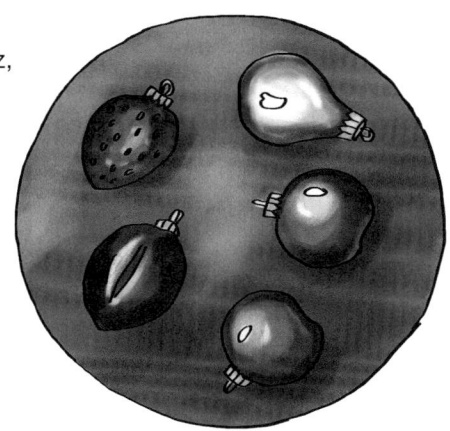

Weihnachtskugeln aus Goldfolie

Material:
- Gold- oder Silberfolie
- Zirkel
- Schere
- Klebstoff
- Band zum Aufhängen

So wird's gemacht:
- Mit einem Zirkel zeichnen die Kinder dicht neben-einander Kreise mit einem Durchmesser von 10 cm auf die Goldfolie.
- Die Kreise ausschneiden und in der Mitte halbieren.
- Die Halbkreise drehen sie so ein, dass kleine Spitz-tüten entstehen und sie diese an den Kanten leicht überlappend zusammenkleben können.
- Die spitzen Kegel kleben sie nun zu einer Kugel an-einander.
- Vor dem letzten Kegel legen die Kinder ein Band ein und kleben es fest.

12. Dezember

Das rettende Licht

Nachdem sie die Werkstatt des Glasbläsers verlassen haben, erklärt Clemens: „Hände an die Drehorgel! Wir reisen heute noch weiter ins Jahr 1650."

Sie landen mitten in einem Schneesturm.

„Gut, dass wir die dicken Umhänge anhaben", sagt Mads und hüllt sich fest in dem Kleidungsstück ein.

Mühsam kämpfen sie sich durch das Schneegestöber. Sie können ihre Umgebung kaum erkennen.

Doch plötzlich sehen sie ein Stück voraus ein Licht flimmern. Sie folgen ihm und gelangen an eine kleine Bauernkate. Die Tür ist nur angelehnt und als auf ihr Klopfen niemand antwortet, treten sie ein.

„Horcht mal", sagt Clemens und lauscht angestrengt. „Ich glaube, da weint jemand."

Tatsächlich! Übertönt vom Heulen des Schneesturms ist das leise Schluchzen fast nicht zu hören.

Sie gehen ihm nach und gelangen in einen schummrigen Raum. Das Licht von draußen wird vom Schneesturm fast völlig verschluckt. Nur eine kleine Kerze auf der Fensterbank und das Feuer der Kochstelle verbreiten etwas Helligkeit.

Am Tisch sitzt ein Mädchen von vielleicht sieben Jahren und weint. Als es Malia, Mads und Clemens sieht, schreit es laut auf.

Warum schreit das Mädchen auf, als es Malia, Mads und Clemens sieht?

„Du brauchst keine Angst zu haben", sagt Malia. „Hast du unser Klopfen nicht gehört?"

Das Mädchen schüttelt den Kopf. „Wer seid ihr?"

„Ich bin Malia und das sind Mads und Clemens. Und wie heißt du?"

„Stina."

„Wo sind denn deine Eltern, Stina?", fragt Clemens.

Sofort fängt die Kleine wieder an zu weinen. „Sie sind in der Stadt auf dem Markt. Eigentlich müssten sie schon längst zurück sein. Ich habe ihnen ein Licht ins Fenster gestellt, damit sie in dem Schneesturm nach Hause finden. Aber wenn sie nicht bald kommen, ist die Kerze heruntergebrannt."

Habt ihr auch schon einmal auf jemanden gewartet?

„Ach, sie sind bestimmt bald da", tröstet Malia das Mädchen. „Wir warten mit dir zusammen."

Doch es wird Abend und auch die Nacht vergeht und Stinas Eltern sind immer noch nicht zurück. Der neue Morgen dämmert und draußen tobt der Schneesturm unvermindert weiter.

Stina ist genau wie ihre Gäste in einen unruhigen Schlaf gefallen. Als sie aufwacht, ist die Kerze im Fenster erloschen. Tränen steigen ihr in die Augen.

„Das war unsere letzte Kerze. Wie sollen Mama und Papa nun nach Hause finden?" Stinas schmaler Körper wird von heftigen Schluchzern geschüttelt.

Aber Malia hat eine Idee. „Mads", sagt sie. „Oma hat uns doch eine große Kerze mitgegeben. Die können wir ins Fenster stellen."

Natürlich! Schnell kramt Mads die Kerze hervor, zündet sie an und platziert sie auf der Fensterbank. Um Stina abzulenken, spielt Clemens ein paar Lieder auf der Drehorgel. Es wird schon wieder dunkel, als es endlich an der Haustür poltert und Stinas Eltern in die Stube stolpern.

„Hallo, meine Kleine", sagt ihre Mutter und streicht Stina übers Haar. „Da sind wir wieder. Gut, dass du ein Licht ins Fenster gestellt hast. In dem Sturm hätten Papa und ich sonst nie heimgefunden."

„Die Kerze habe ich von meinen neuen Freunden bekommen. Unsere letzte war heruntergebrannt", erzählt Stina.

Ihre Eltern danken Malia, Mads und Clemens für die Hilfe und bieten ihnen an, bei ihnen zu bleiben, bis der Schneesturm sich gelegt hat.

Zusammenfassung

Vor einem Schneesturm flüchten Malia, Mads und Clemens in eine Bauernkate und treffen auf Stina, die verzweifelt auf ihre Eltern wartet. Damit diese im Sturm den Heimweg finden, hat sie ihnen eine Kerze ins Fenster gestellt. Doch die letzte Kerze ist fast heruntergebrannt. Malia und Mads schenken Stina die Kerze von Oma. Als Stinas Eltern am nächsten Tag endlich heimkehren, erzählen sie, dass der Lichtschein der Kerze ihnen den Weg nach Hause geleuchtet hat.

Tischlaterne

Material pro Kind:
- Marmeladenglas
- Papierservietten und Transparentpapier
- Kleister und Pinsel
- Teelicht

So wird's gemacht:
- Das Marmeladenglas bestreichen die Kinder mit Kleister.
- Sie kleben eine dünne Lage Servietten- oder Transparentpapierschnipsel darauf.
- Nun muss alles gut trocknen.
- Jetzt können Sie ein Teelicht hineinstellen.

13. Dezember

Eine Krone aus Licht

Am nächsten Morgen hat sich das Wetter endlich beruhigt und Malia, Mads und Clemens verabschieden sich von Stina und ihren Eltern.

Es ist noch dunkel, als der Drehorgelspieler in sicherer Entfernung vom Haus die nun schon vertraute Reisemelodie erklingen lässt.

„Wo sind wir?", fragt Malia, als sie ihr Ziel erreicht haben.

„Wir sind im Jahr 300 in einer Stadt namens Syrakus auf Sizilien. Das ist eine Insel im Mittelmeer, die in unserer Zeit zu Italien gehört", antwortet Clemens.

Mads schüttelt verwundert den Kopf. „So viele Jahrhunderte zurück? Was gibt es denn hier zu sehen?"

Da huscht eine junge Frau an ihnen vorbei. Sie trägt in jeder Hand einen Korb, vollgestopft mit Brot und Früchten. Das Seltsamste an ihr ist jedoch ein Kranz brennender Kerzen auf ihrem Kopf.

Erstaunt sehen Malia und Mads zu, wie die junge Frau von Haus zu Haus geht und die Lebensmittel aus ihren Körben verteilt.

„Wer ist das?", fragt Mads leise.

„Das ist Lucia", erklärt Clemens. „Sie lebt hier in Syrakus und gehört zu den ersten Christen. Doch die Menschen, die an Jesus glauben, werden in dieser Zeit verfolgt. Lucia, deren Vater sehr reich ist, versorgt die anderen Christen heimlich mit Lebensmitteln. Damit sie dabei die Hände frei hat und im Dunkeln trotzdem etwas sehen kann, trägt sie den Lichterkranz auf dem Kopf."

Was würdet ihr heute machen, um im Dunkeln sehen zu können?

„Keine schlechte Idee", meint Mads.

„Ja, nicht wahr? Doch jetzt lasst uns gleich weiterreisen. Es geht nach Schweden. Ich will euch noch zeigen, wie in unserer Zeit jedes Jahr am 13. Dezember das Luciafest gefeiert wird."

Und schon spielt Clemens wieder seine Drehorgel. Schnell legen Malia und Mads ihre Hände auf das Instrument und befinden sich kurz darauf in einer fremden Küche.

Am Tisch steht ein blondes Mädchen. Es hat ihnen den Rücken zugewandt und trägt ein langes, weißes Kleid, das mit einem roten Gürtel zusammengehalten wird. Auf seinem Haar sitzt ein Kranz mit brennenden Kerzen.

„Hallo, Nele", sagt Clemens.

Nele fährt herum.

Als sie den Drehorgelspieler sieht, lächelt sie und sagt: „Bist du mal wieder auf Zeitreise, Clemens?"

„Genau. Das hier sind Malia und Mads. Wir haben gerade die heilige Lucia auf Sizilien besucht und nun will ich den beiden zeigen, wie das Fest heutzutage begangen wird."

Er wendet sich an Malia und Mads und erklärt: „Nele ist die älteste Tochter in ihrer Familie. Heute am Luciatag schlüpft sie in die Rolle der heiligen Lucia. Mit der Lichterkrone auf dem Kopf weckt sie ihre Eltern und Geschwister und bringt ihnen Safranbrötchen, sogenannte Lussekatter, ans Bett. Gleichzeitig erhellt sie mit ihrem Lichtkranz den neuen Tag und die brennenden Kerzen sind Vorboten des Weihnachtslichts."

Wisst ihr, was Safran ist?

Gespannt sehen Malia und Mads zu, wie Nele das Tablett mit den Brötchen vom Küchentisch nimmt, und folgen ihr, als sie ihre Eltern und Geschwister weckt und mit den süßen Köstlichkeiten bewirtet. Doch Nele vergisst auch ihre Gäste nicht und hungrig lassen die drei sich das leckere Gebäck schmecken.

Zusammenfassung

Malia, Mads und Clemens reisen ins dritte Jahrhundert und landen in der Stadt Syrakus auf Sizilien. Dort beobachten sie eine junge Frau namens Lucia, die mit einem Kranz brennender Kerzen auf dem Kopf Lebensmittel an Christen verteilt. Das war zu damaliger Zeit eine gefährliche Sache, da die Leute, die an Jesus glaubten, verfolgt wurden. Aus dieser Legende ist das heutige Luciafest entstanden, das vor allem in Schweden begangen wird. Die älteste Tochter einer Familie weckt verkleidet als Lucia ihre Eltern und Geschwister mit Safranbrötchen.

Lied: Santa Lucia

Material:
- Kopie der Vorlage von Seite 58
- Kerze oder Teelicht in einem Glasgefäß (z. B. Tischlaterne, Seite 29)
- Streichhölzer oder Feuerzeug

So wird's gemacht:
- Die Kinder versammeln sich am Morgen im Sitzkreis. In der Kreismitte steht die Kerze.
- Zünden Sie die Kerze an und singen Sie das Lied der Santa Lucia.

- Bei der zweiten Hälfte (ab „Kerzenglanz strömt durchs Haus") nehmen Sie die Kerze und geben Sie sie im Kreis weiter. Zum Ende der Strophe wird die Kerze wieder in die Kreismitte gestellt.
- Auf die gleiche Weise wird mit den beiden anderen Strophen verfahren.

Variante:
Wenn alle Kinder eine Tischlaterne haben, können sie auch mit ihren Kerzen vorsichtig aufstehen und langsam im Kreis gehen.

14. Dezember

In der Backstube

„Es wird bald dunkel", erklärt Clemens, nachdem sie Nele und ihre Familie verlassen haben und mit der Drehorgel weitergereist sind. „Wir sind hier übrigens im Jahr 1398. Zwei Stunden Fußmarsch voraus ist eine Stadt. Dort suchen wir uns eine Unterkunft, denn wir werden ein paar Tage in dieser Zeit bleiben."

Der Mond ist schon aufgegangen, als sie die mittelalterliche Stadt erreichen, über der eine Burg thront. Schnell ist eine Unterkunft gefunden und nach einem ausgiebigen Abendessen legen sich Malia, Mads und Clemens schlafen.

Am nächsten Morgen durchstreifen sie die Gassen der Stadt. Plötzlich wird Malia heftig angerempelt.

„Oh … tut mir leid. Ich hab dich nicht gesehen", stammelt ein Junge in Malias Alter. Er hat einen schweren Mehlsack auf den Schultern.

„Ist schon gut. Mir ist nichts passiert", sagt Malia. „Ich bin Malia und das sind Mads und Clemens."

„Ich heiße Gregor", antwortet der Junge. „Aber ich muss jetzt weiter, sonst bekomme ich Ärger. Mein Herr wartet auf sein Mehl."

„Arbeitest du in einer Bäckerei? Können wir mitkommen?", fragt Malia. „Ich war noch nie in einer … Backstube." Fast hätte sie „mittelalterliche Backstube" gesagt. Zum Glück konnte sie sich das gerade noch verkneifen.

Warum war es gut, dass Malia nicht „mittelalterliche Backstube" gesagt hat?

Gregor zögert. Doch dann nickt er. „Also gut, kommt mit!"

In der Backstube steht ein älterer Mann an einem dicken Holztisch und schlägt mit einem Knüppel, der wie ein Nudelholz mit nur einem Griff aussieht, auf einen Teig ein.

„Das ist der Vorteig für die Lebkuchen, die wir heute backen", erklärt Gregor. „Wir haben ihn schon vor Monaten aus Honig und Mehl hergestellt und gelagert, damit er schön reift. Jetzt ist er sehr schwer durchzukneten." Er zeigt auf den Holzknüppel und fährt fort: „Deshalb muss der Meister ihn mit dem Schlägel wieder geschmeidig machen. Nun fehlen nur noch Zimt, Nelken und ein paar andere Gewürze."

Kurz darauf ist der Teig fertig und der Bäcker winkt Gregor zu sich. Gemeinsam pressen sie die dunkelbraune Masse in verschiedene Formen.

Danach öffnet Gregors Meister den Ofen. Das Feuer ist heruntergebrannt und hat seine Wärme an die Lehmwände abgegeben. Der Bäcker zieht die Glut heraus, fegt den Ofen mit einem Reisigbündel aus, legt die Lebkuchen hinein und verschließt ihn mit einigen dicken Holzbrettern.

Dann mustert er die Fremden in seiner Backstube.

„Verzeiht, dass wir hier einfach eingedrungen sind", sagt Clemens. „Aber wir haben noch nie eine Backstube gesehen und deshalb Gregor gebeten, uns mitzunehmen. Ich hoffe, Ihr habt nichts dagegen …"

Gregors Meister lächelt Malia und Mads an. „Na, nun wisst ihr, wie Lebkuchen gemacht werden. Wollt ihr ein Stück kosten? Ich habe nämlich schon gestern ein paar gebacken."

Natürlich probieren die Geschwister das frische Gebäck.

Habt ihr schon einmal Lebkuchen gegessen? Wie haben sie euch geschmeckt?

„Hm, ist das lecker", schwärmt Malia und fragt: „Clemens, können wir einen Lebkuchen für Oma mitnehmen?"

„Aber sicher", antwortet der Drehorgelspieler und ersteht einige Stücke des Gebäcks.

Dann verabschieden sie sich von Gregor und seinem Meister und kehren in ihre Unterkunft zurück.

Zusammenfassung

Auf ihrer Reise durch die Vergangenheit begegnen Clemens, Malia und Mads Gregor, einem Bäckerlehrling. Sie begleiten ihn in die Backstube seines Meisters und sehen zu, wie Lebkuchen hergestellt werden.

Rezept: Blech-Lebkuchen

Zutaten für ein Blech:
- 300 g Mehl
- 1 Päckchen Backpulver
- 300 g Zucker
- 1 Päckchen Vanillezucker
- 100 g gemahlene Haselnüsse
- 3 Teelöffel Lebkuchengewürz
- 150 g flüssige Butter
- 250 ml Milch
- 4 Eier
- 2 Esslöffel Honig
- geschälte, ganze Mandeln

So wird's gemacht:
- Mehl, Backpulver, Zucker, Vanillezucker, gemahlene Haselnüsse und Lebkuchengewürz in einer Schüssel gut vermischen.
- Restliche Zutaten in einer anderen Schüssel schaumig rühren.
- Dann die flüssige Masse zu den trockenen Zutaten geben und alles gut verrühren.
- Den Teig auf ein mit Backpapier belegtes Backblech geben, glatt streichen und mit Mandeln verzieren.
- Bei 180 °C etwa 20 Minuten backen. Noch warm in Quadrate, Rechtecke oder Rauten schneiden.

15. Dezember

Der Beutelschneider

„Na, hier ist ja ordentlich was los!", stellt Mads fest.

Nach dem Frühstück sind er, Malia und Clemens aufgebrochen, um den Markt der Stadt zu besuchen. Fliegende Händler, Handwerker und Bauern bieten ihre Waren an. Es gibt Brot und Lebkuchen, Käse, Eier, Butter, Geflügel, Honig, Bier und Wein, aber auch Brennholz, Stoffe, Bänder, Felle, Gewürze und noch vieles mehr.

„Was macht denn der Mann da?", fragt Malia und zeigt auf einen alten Händler, der ein Stück Holz bearbeitet.

„Das ist ein Löffler", erklärt Clemens. „Früher konnten sich nur die Reichen Bestecke aus Silber leisten. Die Armen aßen mit Holzlöffeln. Seht ihr, der Mann schnitzt gerade einen."

„Aber er verkauft auch Spielzeug", sagt Malia und zeigt auf die hölzernen Kreisel, Puppen und Spielschwerter, die auf dem Tisch des Löfflers liegen.

Mads beobachtet einen Jungen, der sich von hinten an den alten Mann heranschleicht.

„He, der bestiehlt den Löffler!", ruft er aus, als der Junge den Geldbeutel des alten Mannes abschneidet und in der Menschenmenge verschwindet.

„Ein Beutelschneider. Los, hinterher!", ruft Clemens.

Wie würdet ihr heute einen Beutelschneider nennen?

Doch der kleine Dieb ist flink. Erst am Rand des Marktplatzes holt Clemens ihn ein und packt ihn am Kragen.

„So, Freundchen. Hab ich dich! Jetzt gibst du dem Löffler sein Geld zurück."

Der Junge zittert am ganzen Körper. „N-nein", stammelt er. „Dann komme ich in den Kerker."

Was ist ein Kerker?

„Daran hättest du früher denken sollen", sagt Clemens. „Aber vielleicht hast du Glück und der Löffler verschont dich."

Der alte Mann sieht den jungen Dieb erstaunt an, als dieser ihm den Geldbeutel hinhält.

„Du hast meinen Beutel gestohlen?", fragt er. „Das habe ich ja gar nicht gemerkt. Und jetzt gibst du ihn mir zurück?"

Der Junge nickt und schaut zu Boden.

„Wie heißt du?", fragt der Löffler.

„Martin."

„Nun, Martin, eigentlich müsste ich dich der Stadtwache übergeben."

Der alte Mann betrachtet mitleidig die magere Gestalt und zerrissene Kleidung des Jungen. Sein Blick fällt auf eine kleine Holzfigur, die Martin an einem Riemen um den Hals trägt.

„Was ist das? Hast du das geschnitzt?"

Der Junge nickt.

„Das ist gut", stellt der Löffler fest. „Ich mache dir einen Vorschlag, Martin. Ich suche einen Lehrjungen, denn meine Hände machen mir beim Schnitzen immer größere Probleme. Willst du bei mir bleiben und mir zur Hand gehen?"

Ungläubig sieht Martin den alten Mann an. Dann huscht ein zaghaftes Lächeln über sein Gesicht und er nickt heftig.

„Das ist eine gute Lösung", sagt Clemens, der das Gespräch aufmerksam verfolgt hat. „Ich wünsche dir alles Gute, Martin. Und Hände weg von den Beuteln anderer Leute, klar?"

„Versprochen", sagt der kleine Beutelschneider. „Und hier …", er wühlt aus der Tasche seines zerschlissenen Umhangs einen reich verzierten Holzstern hervor. „Den schenke ich euch. Ich hab ihn selbst geschnitzt."

Malia, Mads und Clemens danken ihm.

Froh, dass Martin nicht in den Kerker muss und sogar ein neues Zuhause gefunden hat, verbringen sie auch den restlichen Nachmittag auf dem Markt und kehren abends müde in ihre Unterkunft zurück.

Zusammenfassung

Auf einem Weihnachtsmarkt im Mittelalter beobachten Malia, Mads und Clemens einen Jungen, der einem Händler den Geldbeutel abschneidet. Clemens kann den kleinen Beutelschneider einfangen und zwingt ihn, dem Handwerker, der Löffel schnitzt, seinen Geldbeutel zurückzugeben. Der Händler hat Mitleid mit dem kleinen Dieb. Als er feststellt, dass der Junge schnitzen kann, bietet er ihm an, als Lehrjunge bei ihm zu bleiben.

Stoff- oder Lederbeutel

Material:
- Stück Stoff oder Leder
- 2 lange Lederbänder, Kordeln oder andere Bänder
- Lochzange

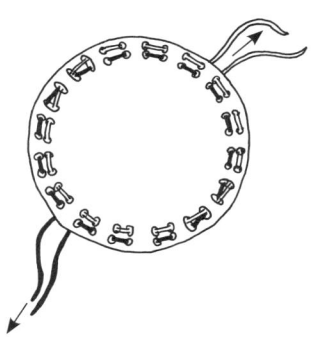

So wird's gemacht:
- Aus dem Stoff schneiden die Kinder einen Kreis mit einem Durchmesser von mindestens 20 cm.
- Auf der Rückseite des Stoffes malen sie in zwei Reihen jeweils eine gerade Anzahl von Punkten an den Rand und achten dabei auf einen gleichmäßigen Abstand zwischen den Löchern und zum Rand.

- Die Löcher stanzen sie aus und vergrößern sie ggf. mit einer Schere.
- Die beiden Bänder fädeln sie von außen beginnend wie abgebildet der Reihe nach durch alle Löcher. Die Enden verknoten sie.
- An den gegenüberliegenden Enden anziehen und so den Beutel schließen.

Hilfe für Sophie

„Können wir heute mal zur Burg hinauf?", fragt Malia am nächsten Morgen.

Clemens nickt. „Das hatte ich sowieso geplant."

Und so stehen sie etwas später im Burghof und sehen sich gespannt um. Plötzlich erklingt ganz in ihrer Nähe Babygeschrei.

„Das kommt aus den Ställen", stellt Mads fest.

Neugierig läuft Malia hinüber. Zwischen den Pferdeboxen steht eine junge Frau. Sie hat ein Baby auf dem Arm und redet auf einen Knecht ein. Dicke Tränen laufen über ihr Gesicht.

„Warum weinst du?", fragt Malia.

Die junge Frau sieht sie erstaunt an.

Doch dann antwortet sie: „Meine kleine Sophie hat hohes Fieber. Ich weiß nicht mehr, was ich machen soll. Und Matthias", sie zeigt auf den Pferdeknecht, „hat mir gestern erzählt, dass heute ein Arzt in der Burg ist, um die Herrin zu untersuchen."

„Das nützt unserem Baby doch nichts, Birgit", fällt ihr Mann ihr ins Wort. „Wir haben doch gar kein Geld, um ihn zu bezahlen."

„Aber Sophie geht es immer schlechter", jammert Birgit und schluchzt verzweifelt.

Angestrengt überlegt Malia, wie sie helfen kann. Sie hat ja auch kein Geld. Aber sie hat etwas anderes.

Was würde der Arzt wohl als Bezahlung anstelle von Geld annehmen?

„Wo ist denn der Arzt jetzt? Könnt ihr mich zu ihm bringen?", fragt Malia aufgeregt.

Matthias sieht sie verständnislos an. „Warum? Wie soll uns das denn helfen?"

Aber Malia lässt nicht locker und schließlich gibt Matthias nach.

„Komm mit", sagt er. Vor dem Stall bleibt er unversehens stehen und zeigt auf einen Mann, der zum Burgtor eilt. „Da ist er! Das ist der Arzt."

So schnell sie kann, läuft Malia hinterher. „Hallo, du, Herr Arzt", ruft sie, „bitte bleib stehen!"

Tatsächlich hält der Mann inne. „Meinst du mich?", fragt er und mustert Malia von oben bis unten.

„Ja, du musst mit mir kommen. Da hinten ist ein krankes Baby."

„Tut mir leid, meine Kleine. Ich bin nur hier, um die Burgherrin zu behandeln."

„Aber Sophie ist wirklich sehr krank. Bitte, du musst sie untersuchen."

Der Arzt seufzt. „Könnt ihr mich denn überhaupt bezahlen?", fragt er Matthias, der hinter Malia aufgetaucht ist.

Der Pferdeknecht schüttelt den Kopf.

„Aber ich kann dich bezahlen!", ruft Malia. „Hier, die geb ich dir, wenn du Sophie hilfst. Die ist aus echtem Gold." Sie hält eine Kette hoch.

Der Arzt betrachtet das Schmuckstück misstrauisch. „Woher hast du denn eine Kette aus Gold?"

„Meine Oma hat sie mir geschenkt", erklärt Malia mit fester Stimme. „Hilfst du Sophie nun?"

Der Arzt zögert. „Du bist ganz schön hartnäckig", sagt er schließlich, nimmt die Kette und lächelt. „Aber gut, ich kann mir die Kleine ja mal ansehen."

Er folgt Matthias und Malia in den Stall und untersucht Sophie.

„Da haben wir ja den Übeltäter", sagt er nach einer Weile und zeigt auf einen kleinen Kratzer am Unterarm des Babys. „Dieser Kratzer hat sich entzündet und das Fieber ausgelöst. Ich bereite eine Salbe zu und bringe sie euch nachher vorbei. Ihr werdet sehen, in ein paar Tagen ist eure Kleine wieder kerngesund."

Malia atmet auf.

Birgit weint vor Glück und besteht darauf, dass Malia, Mads und Clemens bei ihr und Matthias zu Abend essen.

Zusammenfassung

Malia, Mads und Clemens begegnen auf einer mittelalterlichen Burg Birgit und ihrem Mann Matthias. Das Baby der beiden, die kleine Sophie, ist krank. Aber Birgit und Matthias können den Arzt nicht bezahlen, der gerade auf der Burg ist. Doch als Malia dem Arzt die Goldkette gibt, die ihre Oma ihr geschenkt hat, hilft er der kleinen Sophie.

Spiel: Wortketten

So wird's gemacht:

- Die Kinder sitzen im Kreis. Ein Kind beginnt und nennt ein zusammengesetztes Namenwort.
- Das nächste Kind bildet mit dem zweiten Teil des zusammengesetzten Worts ein neues zusammengesetztes Namenwort, z. B.: Strohstern – Sternenglanz – Glanzpapier … oder: Tannenbaum – Baumwolle – Wollkleid …

Variante:

Jedes Kind nennt zu einem zuvor festgelegten Anfangsbuchstaben ein (möglichst weihnachtliches) Namenwort und wiederholt die bereits genannten Begriffe seiner Vorgänger, z. B.: Adventskranz – Apfel – Arzt – … oder: Nuss – Nikolaus – Nacht …

Tipp:

Die Kinder können sich auch eigene Regeln für die Bildung von Wortketten überlegen.

17. Dezember

Die Herbergssuche

Malia kann es nicht glauben. Immer wieder dreht sie sich um die eigene Achse und betrachtet ihre Umgebung. Nach einer letzten Nacht in der mittelalterlichen Stadt im Jahr 1398 hat es sie nun in die Berge verschlagen.

„Wo sind wir denn hier gelandet?", fragt sie neugierig.

„Das ist ein kleines Dorf in den Alpen im Jahr 1850. Gleich könnt ihr den alten Brauch der Herbergssuche miterleben. Den gibt es sogar noch in unserer Zeit", erklärt Clemens.

„Herbergssuche?", fragt Mads. „Hat das etwas mit Maria und Josef zu tun? Damit, dass sie damals, als Jesus geboren wurde, in Bethlehem keine Unterkunft gefunden haben?"

Kennt ihr die Geschichte von Maria und Josef?

Clemens nickt. „Ganz genau. Seht ihr, es geht los."

Er zeigt auf ein kleines Haus, aus dem in diesem Moment mehrere Kinder treten. Sie tragen Figuren von Maria und Josef mit sich, ziehen zum nächsten Haus und klopfen dort an die Tür.

Als sie eingelassen werden, folgen Malia und Mads ihnen unauffällig. Sie beobachten, wie die Kinder die Figuren von Maria und Josef an die Bewohner des Hauses übergeben.

Und nachdem alle zusammen gebetet, gesungen und etwas gegessen haben, verlassen die Kinder das Haus wieder. Die Figuren von Maria und Josef jedoch bleiben zurück.

„Mads, die haben die Figuren vergessen", flüstert Malia ihrem Bruder zu.

Doch der zuckt nur mit den Schultern.

Schnell läuft Malia hinter den Kindern her und hält ein Mädchen am Arm fest. „Ihr habt Maria und Josef vergessen", sagt sie und zeigt auf das Haus, das die Kinder eben verlassen haben.

Das Mädchen sieht Malia verwundert an und schüttelt den Kopf. „Nein, die Figuren bleiben doch über Nacht da. Wir holen sie erst morgen wieder ab und bringen sie ins nächste Haus", erklärt es und eilt den anderen Kindern hinterher.

„Und? Haben sie Maria und Josef vergessen?", fragt Mads, als er Malia einholt.

Sie schüttelt den Kopf. „Nein, das Mädchen hat gesagt, dass die Figuren bis morgen dort bleiben und dann wieder abgeholt werden. Was meinst du, bringen die Kinder Maria und Josef jeden Tag in ein anderes Haus?"

„Fragen wir doch Clemens", schlägt Mads vor.

„Genauso ist es", erklärt Clemens ihnen wenig später. „Zehn Tage vor Weihnachten beginnt die Herbergssuche. Dann tragen die Kinder die Figuren von Maria und Josef jeden Tag in ein anderes Haus. Dort werden sie mit einem Gebet als Gäste aufgenommen. Danach wird gesungen und feierlich gegessen. Und wenn Maria und Josef tags darauf wieder verabschiedet werden, um im nächsten Haus eine Herberge zu finden, wird ein Abschiedsgebet gesprochen. Ich finde, das ist ein sehr schöner Brauch, oder?"

Malia und ihr Bruder nicken.

„Aber wo wir schon beim Thema sind", sagt Mads und grinst. „Wo schlafen wir denn heute Nacht?"

„Das zeig ich euch jetzt. Hände an die Drehorgel!", antwortet Clemens und schon erklingt die vertraute Melodie.

Zusammenfassung

Auf ihrer Zeitreise verschlägt es Clemens und die Kinder in einen kleinen Ort in den Alpen. Hier lernen Malia und Mads den Adventsbrauch der Herbergssuche kennen. Sie beobachten, wie Kinder Figuren von Maria und Josef durch den Ort tragen, und erfahren, dass diese jeweils für einen Tag als Gast in einem der Häuser aufgenommen werden.

Lied: Wer klopfet an?

Material:
- Kopie der Vorlage von Seite 59
- ggf. Requisiten für die einzelnen Personen

So wird's gemacht:
- Üben Sie mit der ganzen Gruppe das Lied ein.
- Anschließend werden die Rollen an einzelne Kinder verteilt: Sie benötigen Josef, Maria und vier Wirte.
- Teilen Sie die restlichen Kinder zum Singen ein: Eine Mädchengruppe übernimmt Marias Text, eine Jungengruppe Josefs Text, Kleingruppen singen jeweils den Wirt.
- Die Rollenspieler können sich verkleiden und das Lied pantomimisch vorspielen, während die restlichen Kinder singen.

18. Dezember

Kerzen für den Weihnachtsbaum

„Oh, hier ist es aber schön."

Malias Augen leuchten, als sie sich in dem kleinen Ort im Erzgebirge umsieht, in den die Drehorgel sie versetzt hat. Frisch gefallener Schnee liegt wie eine dicke Schicht Puderzucker auf den Häusern und Bäumen.

„Stimmt", sagt Mads. „Sieht wirklich toll aus hier. Besonders die vielen Lichterbögen in den Fenstern."

Er hat recht: Fast in jedem Fenster ist einer der kunstvollen Bögen zu sehen.

„Und die haben alle echte Kerzen", staunt Malia.

„Ja sicher", meint Clemens und lacht. „Wir sind im Jahr 1871. Vor hundertvierzig Jahren gab es noch keine elektrischen Kerzen."

Warum gab es damals keine elektrischen Kerzen?

Die Kinder stimmen in sein Lachen ein und sehen sich weiter neugierig in dem kleinen Ort um. Ein Stück die Straße hinauf gelangen sie an einen Gasthof und Clemens mietet ihnen ein Zimmer für die Nacht.

Als sie am nächsten Morgen weiter das Dorf erkunden, begegnet ihnen ein junges Mädchen. Dicke Tränen laufen ihm übers Gesicht.

„Warum weinst du denn?", fragt Malia. „Können wir dir helfen?"

Das Mädchen schüttelt heftig den Kopf. „Nein, ich glaube nicht", antwortet es. „Meine Mutter hat mich zum Kerzenmacher geschickt. Ich sollte die Kerzen für unseren Weihnachtsbaum holen. Aber auf dem Rückweg bin ich auf der kleinen Brücke da hinten gestolpert und mein Korb mit den Kerzen ist mir entglitten und in den Fluss gefallen. Und ich hab kein Geld mehr, um neue zu kaufen."

„Vielleicht können wir die Kerzen ja wieder herausfischen", meint Mads. „Sollen wir es mal versuchen?"

Das Mädchen wischt sich die Tränen aus dem Gesicht und nickt.

Auf dem Weg zur Brücke sagt Mads: „Ich heiße Mads und das sind Malia und Clemens. Und wer bist du?"

„Ich heiße Birte."

Inzwischen haben sie die Brücke erreicht und Birte zeigt nach unten. „Hier, hier ist mir der Korb ins Wasser gefallen. Die Strömung hat ihn sofort weggetragen." Sie schluchzt erneut auf.

„Ach, Birte, nicht weinen", sagt Mads. „Wir laufen jetzt einfach flussabwärts. Vielleicht ist dein Korb irgendwo hängen geblieben."

Und tatsächlich: Ein Stück flussabwärts hat sich Birtes Korb im Ufergebüsch verfangen.

Mads klettert hinunter und holt ihn herauf.

„Hier ist er", sagt er und reicht Birte den Korb mit den Kerzen.

„Oh, vielen, vielen Dank! Wie gut, dass ich euch getroffen habe." Birte strahlt über das ganze Gesicht und drückt Mads einen Kuss auf die Wange.

Verlegen senkt er den Blick. Malia und Clemens können sich ein Grinsen nicht verkneifen.

Warum ist Mads verlegen?

Birte aber holt eine Kerze aus ihrem Korb und reicht sie Mads. „Die schenke ich dir", sagt sie, verabschiedet sich und eilt nach Hause.

„Na, da kann ich Oma ja etwas erzählen", ärgert Malia ihren Bruder und läuft so schnell wie möglich weg, ehe Mads sie zu fassen bekommt.

Was meint Malia damit wohl?

Zusammenfassung

Malia, Mads und Clemens treffen in einem Ort im Erzgebirge auf Birte. Das Mädchen weint, weil ihm der Korb mit den Kerzen für den Weihnachtsbaum in den Fluss gefallen ist und es kein Geld hat, um beim Kerzenmacher neue Kerzen zu holen. Doch Mads entdeckt den Korb ein Stück flussabwärts im Ufergebüsch und bringt ihn Birte zurück. Zum Dank schenkt sie ihm eine Kerze.

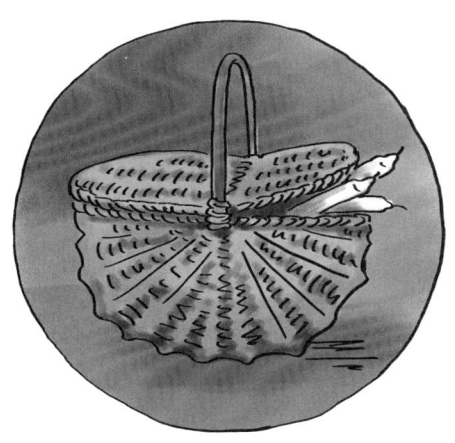

Kreiselspiel

Material:
- Kopie der Vorlage von Seite 60
- Schere
- Musterbeutelklammer

So wird's gemacht:
- Stellen Sie ein Kreiselspiel her: Die Vorlage und der Pfeil werden ausgeschnitten. Der Pfeil wird mit einer Musterbeutelklammer locker in der Kreismitte befestigt, sodass er sich gut dreht.
- Die Kinder drehen reihum den Pfeil.
- Passend zu dem Motiv, auf dem der Pfeil stehen bleibt, erzählt das jeweilige Kind eine kleine Geschichte, trägt ein Gedicht vor oder singt ein Lied.

19. Dezember

Die Weihnachtspyramide

Am nächsten Morgen weckt Clemens die Kinder sehr früh.

„Wir haben heute einen längeren Fußmarsch vor uns", erklärt er, während sie ihre Sachen zusammensuchen. „Seltsamerweise lande ich, wenn ich ins Jahr 1933 reise, immer an einem bestimmten Punkt im Wald. Deshalb müssen wir noch ein ganzes Stück laufen. Unser Ziel ist Frohnau, ein kleiner Ort in der Nähe der Stadt Annaberg. Dort steht nämlich die erste Freiland-pyramide der Welt."

Habt ihr schon einmal eine Weihnachtspyramide gesehen? Wie sieht sie aus?

Und so landen Malia, Mads und Clemens etwas später in einem Wald in der Nähe von Frohnau und machen sich auf den Weg in den Ort. Um im hohen Schnee schneller voranzukommen, lässt Clemens seine Drehorgel gut versteckt hinter einem Baum zurück.

Eine Stunde dauert der Marsch, dann können Malia und Mads endlich die Weihnachts-pyramide in Frohnau bestaunen. Sie ist fast fünf Meter hoch, hat vier Etagen und wird elektrisch betrieben und beleuchtet.

Auf den verschiedenen Ebenen drehen sich unten Kamele, im zweiten Stockwerk Maria und Josef mit dem Jesuskind und den Heiligen Drei Königen, im dritten die Hirten mit ihren Schafen und zuoberst Bergbauarbeiter, über denen in der Krone der Pyramide musizierende Engel kreisen.

„Was machen denn die Bergbauarbeiter bei den Krippenfiguren?", fragt Malia. „Die haben doch gar nichts mit Weihnachten zu tun, oder?"

„Das habe ich mich auch schon oft gefragt", sagt Clemens. „Bergmänner sind nämlich auf vielen Weihnachtspyramiden zu finden. Habt ihr eine Idee, wer uns das sagen könnte?"

Wen würdet ihr das fragen?

„Hm …", überlegt Mads. „Vielleicht jemand, der Weihnachtspyramiden schnitzt. Der müsste es doch wissen, oder?"

Und so klopfen sie kurze Zeit später an die Werkstatttür eines Holzschnitzers.

„Guten Tag", sagt Malia, als ein älterer Mann ihnen öffnet. „Wir möchten Sie etwas über die große Weihnachtspyramide fragen."

Der Mann lächelt und lässt seine Besucher herein. Auf einer Werkbank steht eine halb fertige Weihnachtspyramide.

Mads zeigt auf die kleinen Bergarbeiterfiguren im obersten Stock und fragt: „Wir möchten gern wissen, warum auch Bergmänner auf den Pyramiden stehen. Die haben doch eigentlich gar nichts mit Weihnachten zu tun, oder?"

„Das kann ich euch beantworten", sagt der Holzschnitzer. „Wisst ihr, als es im 16. Jahrhundert hier im Bergbau immer weniger Arbeit gab, mussten sich die Bergleute etwas Neues suchen, womit sie Geld verdienen konnten. Viele von ihnen hatten sich nach Feierabend schon mit der Holzschnitzerei beschäftigt und machten diese nun zu ihrem Beruf. Sie schnitzten alles Mögliche, auch Figuren von Bergmännern und Engeln."

Der Mann blickt kurz in die Runde und fährt fort: „Und sie stellten die ersten Pyramiden her. Anfangs waren die Motive darauf häufig Szenen aus dem Bergbau, denn das Vorbild für die mit warmer Luft betriebenen Pyramiden war ein Göpelwerk. Das war eine Maschine, die im Bergbau benutzt wurde, um das Erz zu fördern. Später kamen dann die Weihnachtsfiguren zu denen der Bergbauarbeiter hinzu. Und so findet ihr auch heute noch auf vielen Weihnachtspyramiden neben den Krippenfiguren die kleinen Figuren der Bergleute."

Zusammenfassung

Bei einem Besuch in Frohnau zeigt Clemens den Kindern die erste Freilandweihnachtspyramide der Welt. Die Kinder wundern sich darüber, dass neben den Krippenfiguren auch Bergleute auf der Pyramide stehen. Von einem alten Holzschnitzer erfahren sie, dass die ersten Pyramiden von Bergarbeitern geschnitzt und daher anfangs Szenen aus dem Bergbau auf den einzelnen Ebenen abgebildet wurden. Später erst kamen die Weihnachtsfiguren hinzu.

Baumscheiben-Mandala

Material:
- Baumscheibe einer Tanne (oder eines anderen Baums)
- Papier
- Farbstifte

So wird's gemacht:
- Betrachten Sie gemeinsam eine Baumscheibe: Die Kinder erkennen, dass die Jahresringe kreisförmig verlaufen und unterschiedlich breit sind – je nach Wetter des jeweiligen Jahres.
- Die Baumscheibe ähnelt einem Mandala, das aus vielen ineinandergelegten Kreisen besteht.
- In Anlehnung an die echte Baumscheibe gestalten die Kinder ein eigenes Baumscheiben-Mandala, in dem sie die unterschiedlich starken Ringe mit verschiedenen Farben malen.

20. Dezember

Die Rose von Jericho

Es ist schon Abend, als Malia, Mads und Clemens sich von dem alten Holzschnitzer verabschieden. Sie verbringen die Nacht in einem Gasthaus in Frohnau und machen sich am nächsten Morgen auf den Rückweg zur magischen Drehorgel.

Kurz bevor sie den Waldrand erreichen, fängt es an zu schneien, so dicht, dass man kaum noch die Hand vor Augen sehen kann.

Von Minute zu Minute schneit es heftiger und plötzlich hat Mads Malia und Clemens verloren. Ich folge einfach ihren Spuren, denkt er. Dann finde ich sie bestimmt wieder.

Doch der Schnee fällt immer dichter und schon bald kann Mads die Spuren der anderen beiden nicht mehr erkennen und verirrt sich hoffnungslos.

Habt ihr euch auch schon einmal verirrt? Wie fühlt sich Mads wohl jetzt?

„Clemens! Malia!", ruft er wieder und wieder.

Doch niemand antwortet ihm. Vollkommen durchnässt stapft Mads orientierungslos umher. Er friert furchtbar.

Im Schutz einiger Bäume macht er eine Pause. Angestrengt sieht er sich um und versucht, im dichten Schneegestöber irgendetwas zu erkennen.

Ein paar Meter vor ihm befindet sich eine Höhle. Mads tastet sich vorsichtig hinein. Um ihn herum ist es stockfinster und er spürt, wie ihm die Angst die Kehle zuschnürt.

Mads fühlt sich schrecklich allein. Was soll er nur tun? Wenn er wenigstens ein bisschen Licht hätte.

Da fällt ihm die Kerze ein, die Birte ihm vor zwei Tagen geschenkt hat. Schnell kramt er sie zusammen mit einer Schachtel Streichhölzer aus seinem Rucksack. Dabei fällt noch etwas heraus und landet auf dem Boden. Doch im Dunkeln kann Mads nicht erkennen, was es ist.

Seine Hände zittern vor Kälte und erst beim dritten Versuch gelingt es ihm, die Kerze anzuzünden. Mads atmet auf und sieht sich um.

Zu seinen Füßen liegt in einer großen Pfütze die vertrocknete Pflanze, die Oma ihnen mitgegeben hat.

Aha, denkt er. Du bist mir also gerade aus dem Rucksack geplumpst.

Doch was ist das? Verblüfft sieht Mads zu, wie die seltsame Pflanze beginnt, sich zu öffnen und das Leben in ihre vertrockneten Blätter und Zweige zurückkehrt. Von innen heraus werden alle Triebe langsam grün.

Mads kann seinen Blick kaum abwenden. Und während er gebannt das Wunder zu seinen Füßen verfolgt, vergisst er seine Angst.

Was macht ihr, wenn ihr Angst habt? Was hilft euch dann?

Plötzlich aber schreckt Mads hoch. Da hat doch jemand seinen Namen gerufen!

„Mads, Mads, wo bist du?"

Malia und Clemens haben ihn gefunden. Schnell packt Mads seine Sachen zusammen, schnappt sich auch die seltsame Pflanze und stürmt aus der Höhle.

„Ah", sagt Clemens, als er das Gewächs in Mads Hand sieht. „Die Rose von Jericho ist zum Leben erwacht."

„So heißt die Pflanze?", fragt Mads. „Ein schöner Name!"

Glücklich berichtet er Malia und Clemens, wie die Rose von Jericho seine Angst vertrieben hat. Inzwischen hat auch das Schneegestöber endlich nachgelassen und sie erreichen in kurzer Zeit die Drehorgel.

„Ich denke, wir reisen sofort weiter und suchen uns eine Herberge, damit wir trockene Sachen anziehen können", schlägt Clemens vor. „Wie sieht es aus? Wollt ihr morgen den ersten Weihnachtsbaum sehen? Dann reisen wir jetzt nämlich nach Freiburg ins Jahr 1419. Man sagt, dort soll er seinerzeit aufgestellt worden sein."

Malia und Mads sind einverstanden und so landen sie schon wenig später in Freiburg.

Zusammenfassung

Als Malia, Mads und Clemens am nächsten Morgen zur magischen Drehorgel im Wald zurückkehren wollen, fängt es heftig an zu schneien. Im dichten Schneegestöber verliert Mads die anderen aus den Augen. Voller Angst sucht er in einer Höhle Unterschlupf. Dort fällt ihm die vertrocknete Pflanze vom Weihnachtsmarkt in eine Pfütze. Gebannt verfolgt Mads, wie die „Rose von Jericho" zum Leben erwacht. Kurz darauf finden Malia und Clemens ihn wieder und erleichtert setzen sie ihre Reise fort.

Papierblüte

Material pro Kind:
- Kopie der Vorlage von Seite 60, evtl. auf farbigem Papier
- Schere
- Schüssel mit Wasser

So wird's gemacht:
- Die Kinder schneiden die Blüte möglichst sorgfältig aus.
- Jetzt knicken sie ein Blütenblatt nach dem anderen an der gestrichelten Linie nach innen und streichen den Falz gut fest.
- Jedes Kind legt seine Blüte vorsichtig auf die Wasseroberfläche der Schüssel.
- Die Kinder können nun beobachten, wie sich die Blüte öffnet.

21. Dezember

Der erste Weihnachtsbaum

Ausgeruht machen Malia, Mads und Clemens sich tags darauf auf, in Freiburg den ersten Weihnachtsbaum zu suchen.

„Was ist denn hier los?", fragt Malia.

Aus allen Ecken der Stadt strömen Menschen in die gleiche Richtung. Mads hält einen Jungen am Arm fest.

„He, kannst du mir sagen, was hier passiert? Wohin lauft ihr alle?"

„Zum Heilig-Geist-Spital in die Große Gass", antwortet der Junge und reißt sich los.

Was ist ein Spital?

„Komm, Mads, wir laufen ihm nach", schlägt Malia vor.

Ihr Bruder sieht Clemens an und fragt: „Dürfen wir, Clemens?"

„Lauft ruhig. Ich komm schon hinterher. Außerdem weiß ich, wo das Spital liegt. Ich werde euch dort schon finden."

„Dann bis gleich!", ruft Mads und flitzt mit Malia dem fremden Jungen hinterher. Schnell erreichen sie das Spital und gelangen dort in einen großen Saal.

„Was ist denn hier los?", fragt Malia ein Mädchen in ihrem Alter.

„Die Freiburger Bäcker haben für die Armen der Stadt einen Tannenbaum aufgestellt. Der wird heute mit lauter leckeren Sachen geschmückt", antwortet das Mädchen.

Und tatsächlich. Am anderen Ende des Saals können Malia und Mads den großen Tannenbaum sehen. Um ihn herum stehen mehrere Männer und behängen ihn mit Früchten, Nüssen und Lebkuchen. Das dauert eine ganze Weile.

Wie würdet ihr den Weihnachtsbaum schmücken?

Doch schließlich sind sie fertig und einer der Männer ergreift das Wort.

„Liebe Leute!", ruft er laut und wartet kurz, bis es im Saal ruhig ist, damit alle ihn hören können. „Dieser Baum soll bis zum Jahreswechsel hier stehen bleiben. An Neujahr werden wir, die Bäcker Freiburgs, einen festlichen Umzug durch die Straßen der Stadt veranstalten und dem Heilig-Geist-Spital eine riesige Brezel spenden. Danach schütteln wir die Früchte, Nüsse und Lebkuchen vom Baum und ihr dürft die Leckereien einsammeln."

„Das ist aber eine schöne Idee", meint Malia.

Das Mädchen neben ihr nickt. „Das finde ich auch. Kommst du an Neujahr wieder her?"

Malia schüttelt den Kopf. „Nein, ich bin nur heute hier. Und ich muss jetzt auch los. Auf Wiedersehen und alles Gute!" Sie winkt dem Mädchen noch einmal zu und verlässt mit Mads das Haus.

„Clemens, ich habe eine Frage", sagt Mads, als sie den Drehorgelspieler auf der Straße vor dem Heilig-Geist-Spital wieder treffen.

„Na, dann schieß mal los." Der Drehorgelspieler sieht Malias Bruder gespannt an, während sie sich auf den Rückweg zu ihrer Herberge machen.

„Ich habe gehört, dass die Tannenbäume früher verkehrt herum an die Decke gehängt wurden. Stimmt das?"

Clemens lacht.

„Nein", sagt er dann. „Der umgekehrte Baum geht auf die alten Germanen zurück. Sie lebten schon vor Christi Geburt und glaubten, dass in den Bäumen gute Geister wohnten, die ihre Häuser beschützten. Außerdem verehrten sie die Sonne als Kraft des Lebens. Am 21. Dezember zur Wintersonnenwende, dem dunkelsten Tag des Jahres, feierten die Germanen das Geburtsfest der Sonne, denn von da an wurden die Tage wieder länger. Und weil sie glaubten, dass die Sonne abends im Meer verschwand, hängten die Germanen ihren Geisterbaum verkehrt herum auf, damit seine Spitze zur Sonne zeigte."

Zusammenfassung

In Freiburg im Jahr 1419 erleben Malia und Mads, wie die Bäcker der Stadt im Heilig-Geist-Spital einen Tannenbaum mit Früchten, Nüssen und Lebkuchen schmücken. Sie erfahren, dass der Baum an Neujahr geschüttelt wird und die Kinder und Armen der Stadt die abgefallenen Leckereien dann einsammeln dürfen.

Tangram: Weihnachtsbaum

Material pro Kind:
• Kopie der Vorlage von Seite 61
• Schere

So wird's gemacht:
• Die Kinder schneiden alle Einzelteile aus. An der Grau-schattierung ist die Vorderseite erkennbar.
• Sie sollen nun alle Teile in die Weihnachtsbaumform legen, sodass diese komplett ausgefüllt ist.

Lösung:

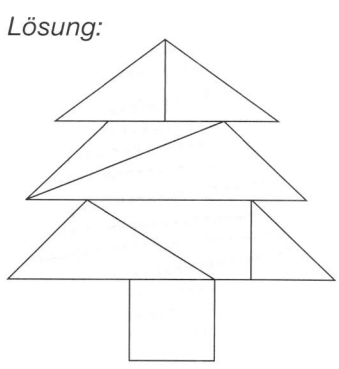

22. Dezember

Das Krippenspiel

„Clemens", fragt Malia am nächsten Morgen, nachdem sie eine weitere Nacht in Freiburg verbracht haben. „In unserer Zeit werden zu Weihnachten doch immer Krippenspiele aufgeführt. Gab es das früher auch schon?"

„Das ist eine gute Frage", meint der Drehorgelspieler. „Lasst uns sehen, ob wir die Antwort darauf auf unserer heutigen Reise bekommen."

Er beginnt die magische Drehorgel zu spielen und kurz darauf finden sich Malia und Mads in einem kleinen Dorf wieder.

Mads sieht sich um und sagt: „Clemens, du hast wirklich eine Vorliebe fürs Mittelalter, oder?"

Woran kann Mads das erkannt haben?

Clemens lacht. „Du hast recht, Mads, wir sind im Mittelalter, und zwar im Jahr 1224. Seid ihr schon neugierig, was uns erwartet?"

„Na klar", antwortet Malia und läuft vor den beiden anderen den Weg entlang, der zwischen den Häusern aufs Feld hinaus führt.

Am Dorfrand schallt aus einer Scheune fröhliches Gelächter. Neugierig schauen Malia und Mads durchs offene Tor und erblicken ein paar spielende Kinder.

Ein großes Mädchen kommt misstrauisch näher. „Wer seid ihr denn?", fragt sie.

„Ich bin Mads und das ist meine Schwester Malia", antwortet Mads und fährt fort: „Was macht ihr da?"

„Wir spielen die Geburt des Jesuskindes nach", erklärt das Mädchen. „Das hat ein Mann, der Franz von Assisi heißt, letztes Jahr zu Weihnachten in einer Höhle in Greccio in Italien auch gemacht. Uns fehlen aber noch ein Hirte und der Engel. Wollt ihr mitmachen?"

„Oh ja, sehr gern", sagt Malia und zieht Mads mit sich ins Innere der Scheune.

Vor einer Futterkrippe, in der eine Stoffpuppe liegt, sitzt ein Mädchen. Sie heißt Brigitte und spielt Maria. Albert, ein Junge in Mads' Alter, stellt Josef dar. Auch die Heiligen Drei Könige sind vertreten. Ihre Kronen haben die Kinder aus biegsamen Weidenruten gebastelt. Beate, das Mädchen, das Malia und Mads angesprochen hat, ist als Hirte verkleidet.

„Hier!" Sie hält Mads einen groben Umhang und einen Hirtenstab hin. „Du kannst den anderen Hirten spielen und für dich haben wir ein paar Flügel." Sie bindet Malia zwei mit Hühnerfedern gespickte Leinentücher auf den Rücken.

„So", meint sie dann zufrieden. „Dann können wir ja anfangen."

Den ganzen Nachmittag spielen die Kinder die Ereignisse im Stall von Bethlehem nach. Malia erscheint als Engel den Hirten und verkündet ihnen die Geburt Jesu. Daraufhin begeben sich Beate und Mads in den Stall zu Maria und Josef, um Gottes Sohn zu begrüßen. Auch die Heiligen Drei Könige kommen, um das Kind zu ehren.

„Das Krippenspiel hat richtig Spaß gemacht, oder?", fragt Mads seine Schwester, als sie sich am Abend von ihren neuen Freunden verabschiedet haben. Doch Malia nickt nur und ist seltsam ruhig geworden.

„Was hast du? Geht es dir nicht gut?" Ihr Bruder sieht sie besorgt an.

„Ich hab Heimweh", antwortet Malia. „Heute ist der 22. Dezember. Übermorgen ist schon Heiligabend. Ich möchte nach Hause."

Hattet ihr auch schon einmal Heimweh?

Mads nickt. „Ja, wir waren jetzt wirklich lange genug unterwegs."

Clemens hat ihrer Unterhaltung zugehört.

Er lächelt und sagt: „Ihr habt vollkommen recht. Wir suchen uns jetzt eine Übernachtungsmöglichkeit und gleich morgen früh kehren wir auf den Weihnachtsmarkt zurück."

Zusammenfassung

Im Jahr 1224 treffen Malia und Mads in einem Dorf einige Kinder, die in einer Scheune ein Krippenspiel nachspielen, wie es ein Mann namens Franz von Assisi im Jahr zuvor in einer Höhle in Greccio in Italien gemacht hat. Malia und Mads freunden sich mit den Kindern an und dürfen mitspielen. Mads spielt einen Hirten und Malia den Engel.

Weihnachtsmemory

Material pro Kind:
- zweifache Kopie der Vorlagen von den Seiten 62 und 63
- Pappkarton oder farbiger Tonkarton
- Bunt- oder Filzstifte
- Schere und Klebstoff
- Laminierfolie und Laminiergerät

So wird's gemacht:
- Die Kinder kleben die kopierten Motive auf den Tonkarton und schneiden die Karten aus.
- Zur besseren Haltbarkeit werden die Memorykarten laminiert.
- Das Spiel folgt den bekannten Regeln.

23. Dezember

Zurück auf dem Weihnachtsmarkt

Am nächsten Morgen können die Kinder es kaum erwarten, in ihre Zeit zurückzukehren. Mit klopfendem Herzen warten sie ab, dass die Musik der magischen Drehorgel verklingt. Endlich ist es so weit und sie finden sich vor der Waffelbude auf dem Weihnachtsmarkt wieder.

„Da seid ihr ja", erklingt eine vertraute Stimme hinter ihnen.

Die Geschwister wirbeln herum und fallen ihrer Großmutter um den Hals.

„Immer mit der Ruhe, ihr bringt mich ja um", japst Oma und lacht.

„Hallo, Clemens", begrüßt sie den Drehorgelspieler. „Hattet ihr eine schöne Zeit?"

Doch Clemens kommt gar nicht zu Wort. Aufgeregt plappern Malia und Mads durcheinander.

„Nun mal schön der Reihe nach", unterbricht Oma sie. „Ich hab doch nur zwei Ohren. Wer von euch beiden will denn zuerst erzählen? Du, Mads?"

Wisst ihr noch, was Malia und Mads alles erlebt haben?

Malias Bruder holt tief Luft und beginnt: „Also Oma, zuerst haben wir in einem Kinderheim den allerersten Adventskranz der Welt gesehen. Und dann ..."

Mads erzählt und erzählt. Von dem Kreidestrichadventskalender, von Lucias Lichterkrone und von dem Tag, als er den kleinen Thomas aus dem eiskalten Wasser gezogen hat.

„Und weißt du was? Diese vertrocknete Pflanze, die du mir in den Rucksack gesteckt hast, ist ein echtes Wunderding." Mads berichtet, wie die Rose von Jericho in der Höhle seine Angst vertrieben hat.

„Ja, das ist schon eine ganz besondere Pflanze", sagt Oma. „Gut, dass du sie dabeihattest."

„Gut, dass du sie uns mitgegeben hast", meint Mads.

Oma nickt. „Ich war mir sicher, dass irgendwann unterwegs etwas passiert, bei dem die Rose euch Hoffnung und Trost spenden könnte. Aber jetzt bist du an der Reihe, Malia. Hat dir eure Reise auch gefallen?"

„Oh ja, Oma. Es war einfach toll. Wir haben sogar einen Dieb erwischt, auf einem Markt im Mittelalter", sagt Malia und erzählt von dem kleinen Beutelschneider, der ein neues Zuhause beim Löffler fand, von Helene und den Glückszweigen, vom Krippenspiel und allem, was sie sonst noch erlebt haben. Ihre Augen beginnen zu leuchten, als sie an Sophie denkt und Oma von dem kleinen Baby berichten will.

Doch dann fällt ihr etwas ein und sie wird ganz still. „Oma", sagt sie leise. „Oma, ich hab die goldene Halskette weggegeben, die du mir geschenkt hast." Und sie erzählt von Birgit, Matthias und dem kranken Baby. „Bist du mir jetzt böse, Oma?"

„Ach, wo denkst du hin", sagt Oma. „Wie könnte ich dir deswegen böse sein. Im Gegenteil, ich bin sehr stolz auf dich."

Malia atmet auf.

Ein verschmitztes Lächeln huscht über ihr Gesicht, als sie fortfährt: „Aber weißt du, was unser tollstes Erlebnis war, Oma? Wir haben dich getroffen! In Mühlheim! Da warst du erst sieben Jahre alt und hattest deinen Wunschzettel verloren."

Oma schaut Malia und Mads verblüfft an. „Daran kann ich mich erinnern. Zwei Kinder haben ihn gefunden und mir wiedergegeben. Das wart ihr?"

Ihre Enkel nicken.

„Wartet mal!" Oma schnappt sich ihre Handtasche und kramt darin herum. „Ah, da ist es ja. Schaut mal, ihr zwei. Hier ist ein Bild von mir, als ich klein war. Sah ich so aus?" Sie zeigt ihren Enkeln das Foto.

Malia und Mads nicken und grinsen. Von dem Bild lacht ihnen Irene, das Oma-Mädchen, entgegen.

Habt ihr eure Eltern oder Großeltern schon einmal als Kind auf einem Foto gesehen?

Zusammenfassung

Malia und Mads hat das Heimweh gepackt und so kehren sie mit Clemens auf den Weihnachtsmarkt in ihre eigene Zeit zurück. Dort werden sie schon sehnsüchtig von ihrer Oma erwartet. Aufgeregt berichten sie ihr von den Erlebnissen ihrer Reise, und auch davon, dass sie Oma als siebenjähriges Mädchen getroffen haben. Oma kann sich noch an die Begegnung erinnern und zeigt ihren Enkeln ein Foto von sich, auf dem die beiden das Oma-Mädchen Irene wiedererkennen.

Weihnachtsdüfte

Material:
- Verschiedene Dinge mit für die Weihnachtszeit typischem Duft: z. B. Zimtstangen, Gewürznelken, Vanilleschoten, Tannennadeln, Bienenwachs, Orangenschalen, abgebrannte Streichhölzer, Lebkuchen
- kleine undurchsichtige und verschließbare Dosen, z. B. von Bonbons

So wird's gemacht:
- Geben Sie die duftenden Gegenstände in die verschließbaren Dosen.
- Die Kinder schließen die Augen, öffnen jeweils eine Dose und riechen am Inhalt, ohne in die Dose zu blicken. Wer erkennt den Inhalt der Dose am Duft?
- Das jeweilige Kind kontrolliert seine Vermutung, indem es den Gegenstand anschaut.
- Dann wird die Dose wieder geschlossen.
- Wer errät die meisten Weihnachtsdüfte?

24. Dezember

Weihnachten

„Oma, wir haben dir auch etwas mitgebracht", sagt Mads und kramt in seinem Rucksack. Er holt den Holzstern, die Lebkuchen, die Glasperlenkette und den gläsernen Weihnachtsbaumschmuck hervor.

„Das sind aber schöne Geschenke, danke schön!", sagt Oma gerührt.

„Haben wir dir denn damit genug Weihnachten mitgebracht?", fragt Malia, der wieder eingefallen ist, worum Oma sie zu Beginn ihrer Reise gebeten hatte.

Oma lächelt. „Ihr habt mir ganz, ganz viel Weihnachten mitgebracht, Malia", antwortet sie. „Und zwar nicht nur durch die kleinen Mitbringsel, sondern vor allem durch eure Erzählungen. Wenn deine Augen strahlen, weil du einem kleinen Baby helfen konntest, oder Mads sich freut, wenn er an das Wunder der kleinen Pflanze denkt, die seine Angst vertrieben hat, wenn ich bei euren Worten spüre, wie wichtig es euch war, Thomas, Helene, Stina und all den anderen zu helfen, dann ist das für mich ganz viel Weihnachten. Besser hättet ihr es nicht machen können. Aber jetzt lasst uns nach Hause gehen! Mama und Papa warten schon. Auf Wiedersehen, Clemens! Vielen Dank, dass du auf meine beiden Rabauken aufgepasst hast. Ich wünsche dir ein frohes Weihnachtsfest!"

Malia und Mads sehen den Drehorgelspieler an. Sie können es zwar kaum erwarten heimzukommen, doch der Abschied von ihrem Freund fällt ihnen sehr schwer.

„Frohe Weihnachten!", flüstert Malia Clemens ins Ohr und gibt ihm einen Kuss.

Auch Mads umarmt den Drehorgelspieler. „Das war eine tolle Reise, Clemens", sagt er. „Vielen Dank und frohe Weihnachten!"

Clemens hat einen dicken Kloß im Hals. Er räuspert sich. „Auf Wiedersehen, ihr zwei. Die Reise mit euch hat mir auch großen Spaß gemacht. Ich wünsche euch ein wunderschönes Weihnachtsfest und vielleicht besucht ihr mich nächstes Jahr auf dem Weihnachtsmarkt, okay?"

Das versprechen Malia und Mads gern.

Zu Hause warten Mama und Papa schon ungeduldig und noch einmal erzählen die beiden von ihren Erlebnissen.

Als Malia am nächsten Morgen aufwacht, räkelt sie sich glücklich in ihrem eigenen Bett. Endlich ist Heiligabend.

Gespannt sieht sie nach Utes Kirschzweig, der in einer Vase auf ihrer Fensterbank steht. Und tatsächlich: Pünktlich zum Weihnachtsfest hat er angefangen zu blühen.

Gut gelaunt weckt Malia ihren Bruder.

Am Nachmittag schmücken beide zusammen mit Oma den Weihnachtsbaum. Auch der Holzstern von Martin und der Glasapfel und die Glasnüsse finden ihren Platz in den grünen Zweigen.

Und als am Abend nach der Kirche die Lichter am Christbaum brennen und die Geschenke ausgepackt sind, stellen Malia und Mads sich vor, wie auch die Kerzen in Birtes Tannenbaum ihr warmes Licht verbreiten.

Sie sind sich einig – die Reise mit Clemens war ein wunderschönes Erlebnis. Mit ihren neuen Freunden aus vergangenen Zeiten haben sie eine ganz besondere Adventszeit verbracht.

Zusammenfassung

Nachdem Malia und Mads von ihren Erlebnissen berichtet und ihre Geschenke überreicht haben, fragt Malia ihre Oma, ob sie genug Weihnachten mitgebracht haben. Daraufhin erklärt ihre Oma den Kindern, dass sie ihr vor allen Dingen mit den Erzählungen darüber, wie sie anderen Menschen helfen konnten, ganz viel Weihnachten mitgebracht haben. Wehmütig verabschieden sich Malia und Mads nun von Clemens und als sie am nächsten Tag mit ihren Eltern und Oma Heiligabend feiern, denken sie auch an ihre Freunde aus vergangenen Zeiten.

Zeitreisespiel

Material:
- Kopie der Vorlage von Seite 64
- Schere
- Klebstoff

So wird's gemacht:
- Die Kinder schneiden die kopierte Vorlage aus, falten sie und kleben sie zu einem Würfel zusammen.
- Die Kinder würfeln reihum.
- Mit dem gewürfelten Zeitbegriff bilden sie jeweils einen Satz, der zur Advents- und Weihnachtszeit passt.

Gestaltungsvorlagen

zu: 5. Dezember (Seite 14/15)

Faltanleitung

✂

Falte das Blatt zweimal jeweils an der langen Seite in der Mitte.

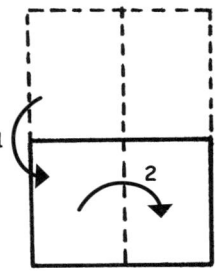

Öffne den Hut auf der Unterseite. Drücke die rechte und linke untere Ecke zur Mitte zusammen, sodass sie aufeinander zu liegen kommen.

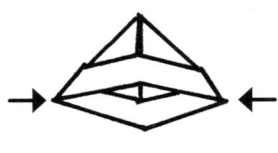

Klappe es einmal wieder auf. Die geschlossene Seite ist oben.

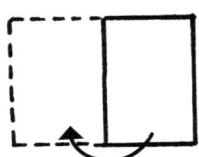

Falte die untere Ecke auf die obere Ecke. Wende die Figur und falte die untere Ecke ebenfalls nach oben.

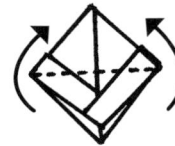

Falte die rechte und die linke obere Ecke an die durch das Knicken markierte Linie in der Mitte.

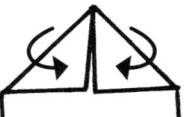

Öffne die Figur unten. Drücke die rechte und linke untere Ecke zur Mitte zusammen, sodass sie aufeinander zu liegen kommen.

Falte jetzt die untere Lasche nach oben. Wende den Hut und falte die zweite Lasche ebenfalls nach oben.

Ziehe am oberen Ende die rechte und linke Spitze gleichzeitig nach außen. Streiche den neu entstandenen Knick glatt.

Schlage die überstehenden Ecken auf beiden Seiten nach hinten um. Jetzt ist der Hut fertig.

 Materialien für den Unterricht: Monika Larsen / Monika Burger, *Dem Advent auf der Spur* © Hase und Igel Verlag, Garching b. München

zu: 7. Dezember (Seite 18/19)

Mein Wunschzettel

Gestaltungsvorlagen

zu: 8. Dezember (Seite 20/21)

Schneeflöckchen, Weißröckchen

Text: Hedwig Haberkern (1837–1902)
Musik: unbekannt

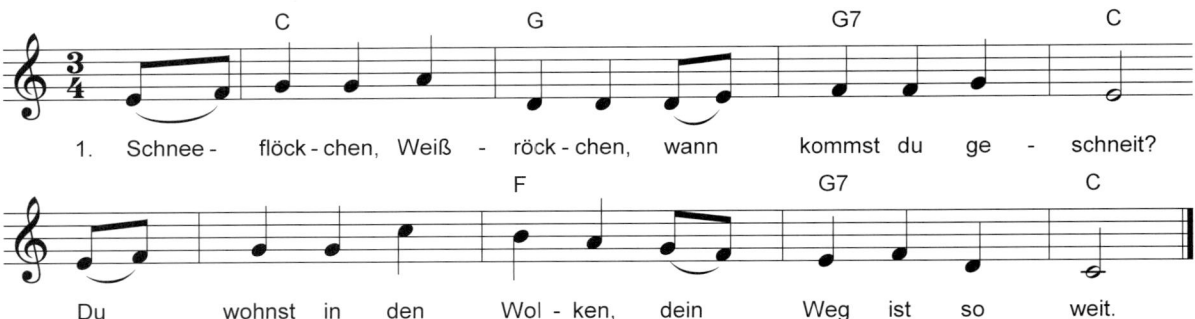

1. Schnee - flöck - chen, Weiß - röck - chen, wann kommst du ge - schneit?
Du wohnst in den Wol - ken, dein Weg ist so weit.

2. Komm, setz dich ans Fenster,
   du lieblicher Stern,
   malst Blumen und Blätter,
   wir haben dich gern.

3. Schneeflöckchen, du deckst uns
   die Blümelein zu,
   dann schlafen sie sicher
   in himmlischer Ruh.

4. Schneeflöckchen, Weißröckchen,
   komm zu uns ins Tal,
   dann bau'n wir den Schneemann
   und werfen den Ball.

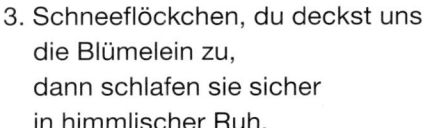

zu: 9. Dezember (Seite 22/23)

Vom Büblein auf dem Eis

Gefroren hat es heuer noch gar kein festes Eis.
Das Büblein steht am Weiher und spricht so zu sich leis:
„Ich will es einmal wagen,
das Eis, es muss doch tragen." –
Wer weiß?

Das Büblein stampft und hacket mit seinem Stiefelein.
Das Eis auf einmal knacket, und krach! schon bricht's hinein.
Das Büblein platscht und krabbelt
als wie ein Krebs und zappelt
mit Schrein.

„O helft, ich muss versinken in lauter Eis und Schnee!
O helft, ich muss ertrinken im tiefen, tiefen See!"
Wär nicht ein Mann gekommen,
der sich ein Herz genommen,
o weh!

Der packt es bei dem Schopfe und zieht es dann heraus:
Vom Fuße bis zum Kopfe wie eine Wassermaus.
Das Büblein hat getropfet,
der Vater hat's geklopfet
zu Haus.

Friedrich Wilhelm Güll (1812–1879)

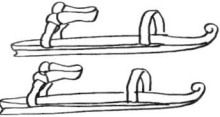

Gestaltungsvorlagen

zu: 13. Dezember (Seite 30/31)

Santa Lucia

Volkslied aus Italien

1. Schwer liegt die Fins-ter-nis auf un-sern Gas-sen,
   lang hat das Son-nen-licht uns schon ver-las-sen.
   Ker-zen-glanz strömt durchs Haus. Sie treibt das Dun-kel aus:
   San-ta Lu-ci-a! San-ta Lu-ci-a! San-ta Lu-ci-a!

2. Groß war die Nacht und stumm. Hörst du's nun singen?
   Wer rauscht ums Haus herum auf leisen Schwingen?
   Schau, sie ist wunderbar,
   schneeweiß mit Licht im Haar:
   Santa Lucia! Santa Lucia!

3. Nacht zieht den Schleier fort, wach wird die Erde,
   damit das Zauberwort zuteil uns werde.
   Nun steigt der Tag empor,
   rot aus dem Himmelstor:
   Santa Lucia! Santa Lucia!

zu: 17. Dezember (Seite 38/39)

Wer klopfet an?

Volkslied aus Südtirol

1. Wer klop-fet an? O zwei gar ar-me Leut. Was wollt ihr dann?

O gebt uns Her-berg heut. O, durch Got-tes Lieb wir bit-ten,

öff-net uns doch eu-re Hüt-ten. O nein, nein, nein! O las-set

uns doch ein! Es kann nicht sein! Wir wol-len dank-bar sein.

Nein, es kann ein-mal nicht sein, drum geht nur fort, ihr kommt nicht rein!

2. Wer vor der Tür? – Ein Weib mit ihrem Mann. –
Was wollt denn ihr? – Hört unsre Bitte an:
Lasset uns bei euch heut wohnen,
Gott wird euch schon alles lohnen. –
Was zahlt ihr mir? – Kein Geld besitzen wir. –
Dann geht von hier! – O öffnet uns die Tür! –
Ei macht mir kein Ungestüm!
Packt euch, geht woanders hin!

3. Was weinet ihr? – Vor Kält erstarren wir. –
Wer kann dafür? – O gebt uns doch Quartier.
Überall sind wir verstoßen,
jede Tür ist uns verschlossen. –
So bleibet drauß! – O öffnet uns das Haus. –
Da wird nichts draus! – Zeigt uns ein andres Haus. –
Dort geht hin zu nächsten Tür.
Ich hab nicht Platz, geht nur von mir!

4. Geht nur gleich fort! – O Freund, wohin? Wo aus? –
Ein Viehstall dort! – So gehn wir halt hinaus.
O mein Kind, nach Gottes Willen
musst du schon die Armut fühlen. –
Jetzt packt euch fort! – O dies sind harte Wort. –
Zum Viehstall dort! – O wohl ein schlechter Ort. –
Ei der Ort ist gut für euch,
ihr braucht nicht viel, da geht nur gleich!

Gestaltungsvorlagen

zu: 18. Dezember (Seite 40/41)

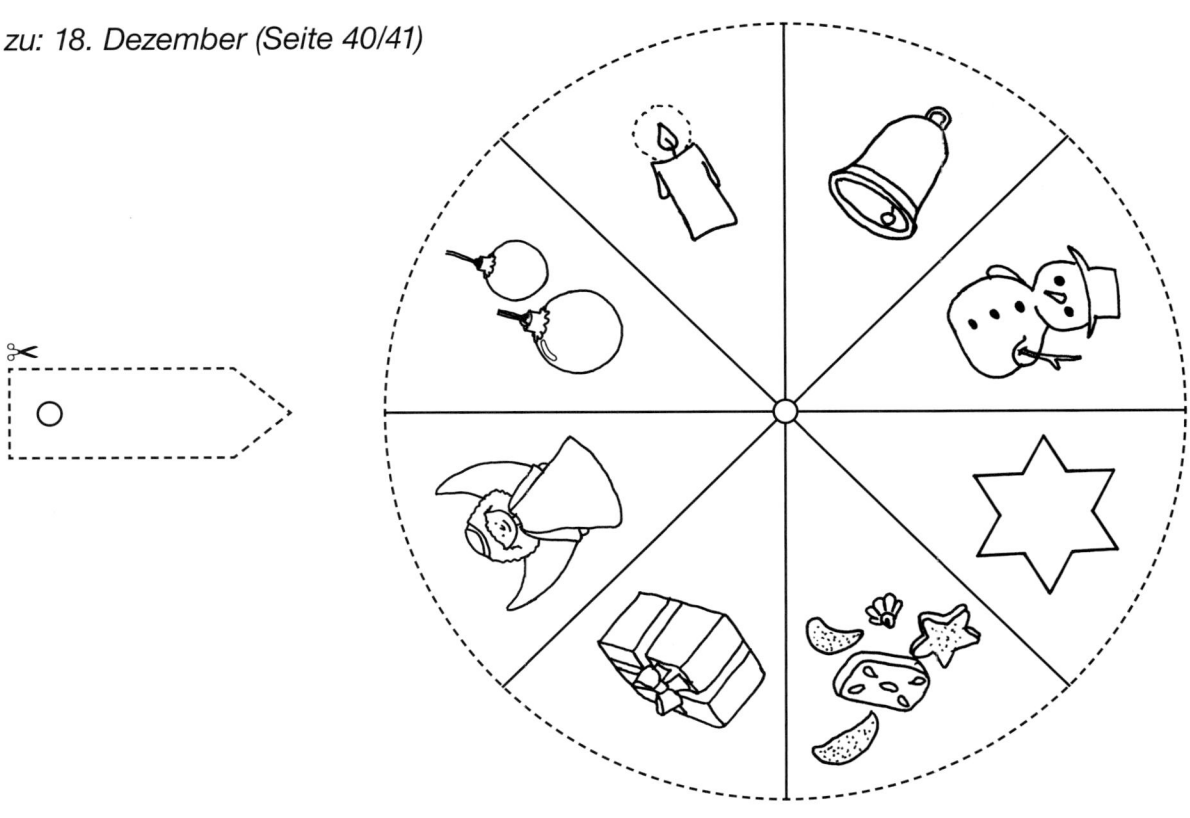

zu: 20. Dezember (Seite 44/45)

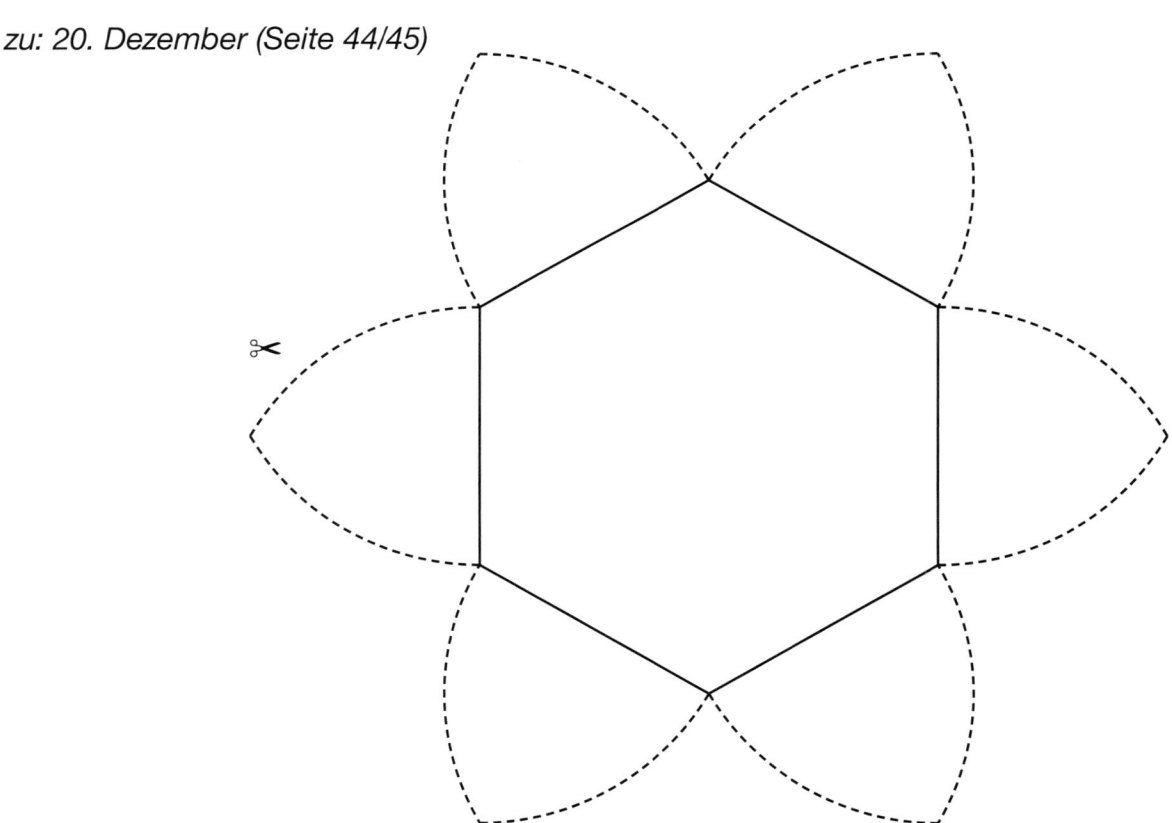

zu: 21. Dezember (Seite 46/47)

Tangram „Weihnachtsbaum"

Schneide die Teile aus.
Lege damit diesen
Weihnachtsbaum.

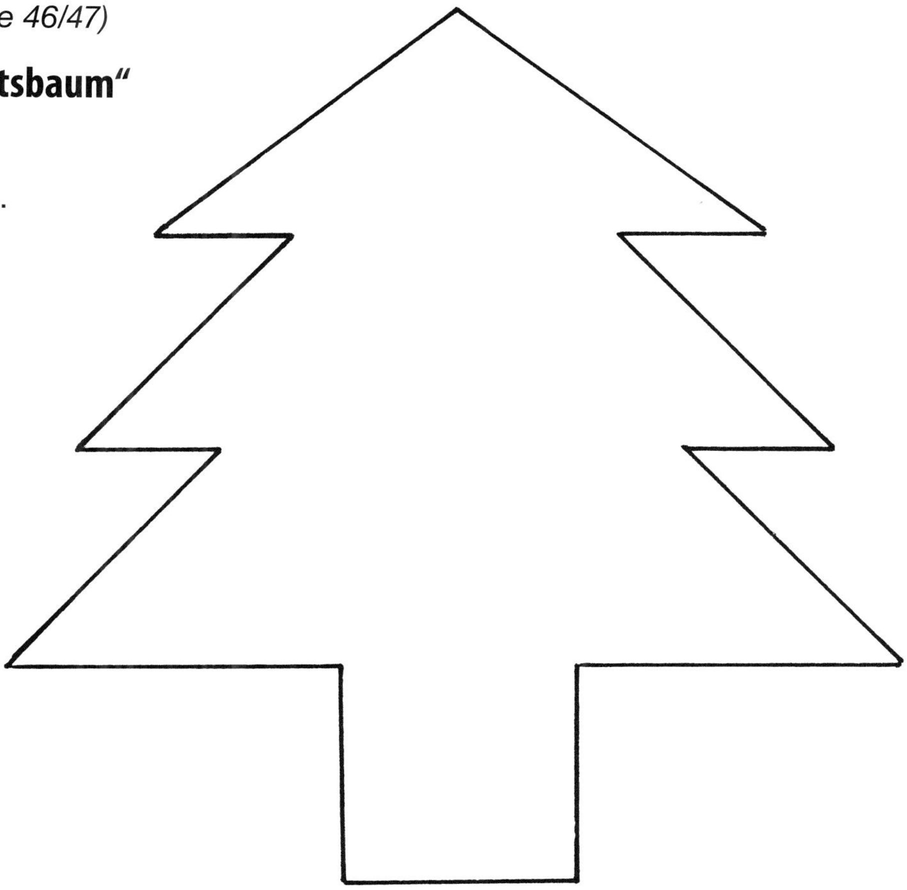

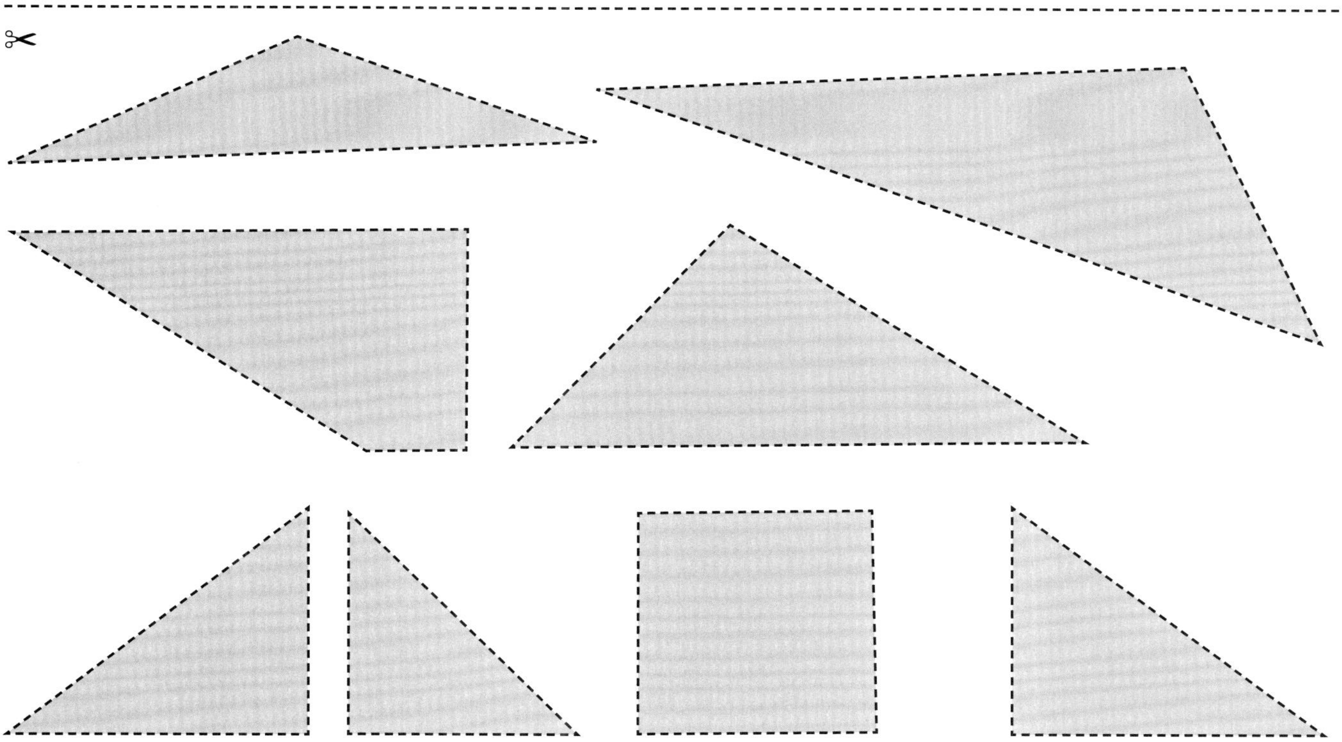

✂

Gestaltungsvorlagen

zu: 22. Dezember (Seite 48/49)

✂

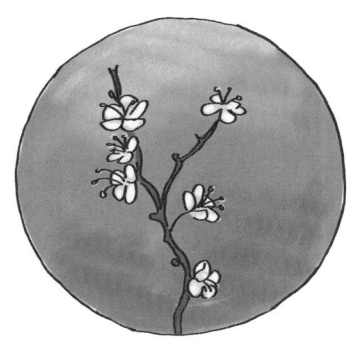  

  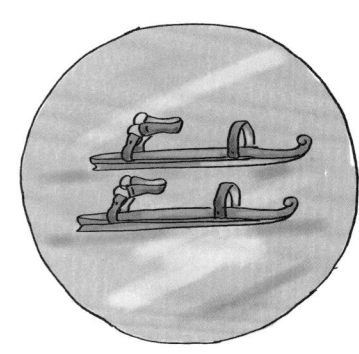

 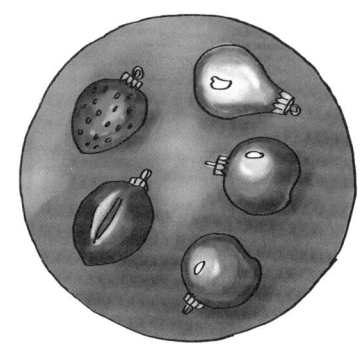 

zu: 22. Dezember (Seite 48/49)

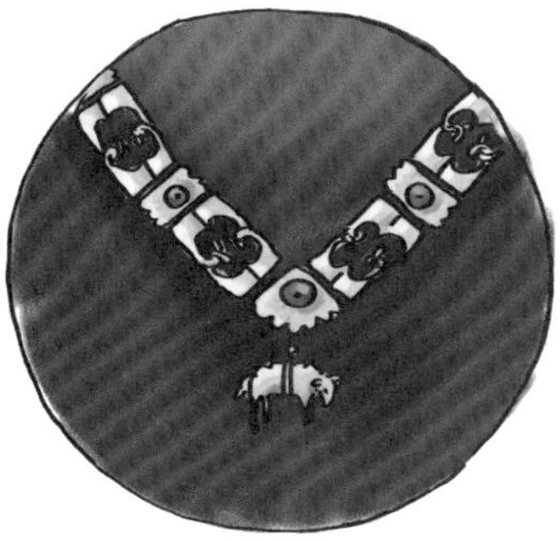

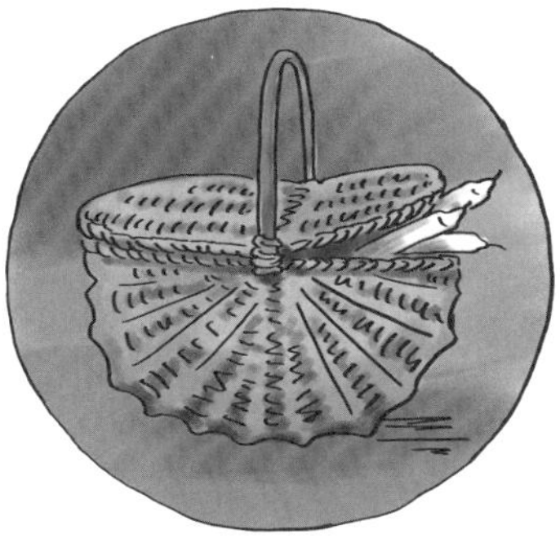

✂

Gestaltungsvorlagen

zu: 24. Dezember (Seite 52/53)

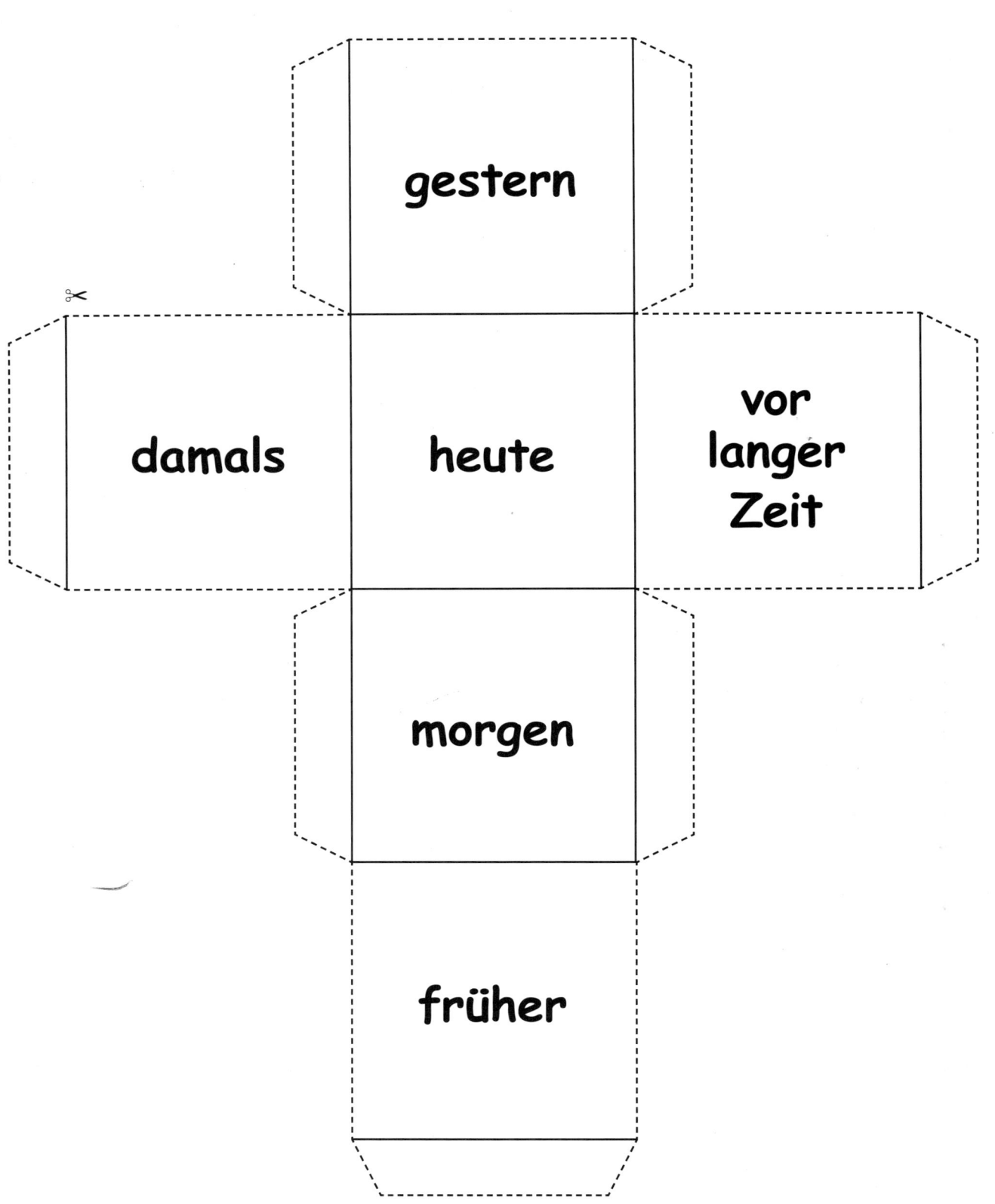

gestern

damals   heute   vor langer Zeit

morgen

früher